算数教育家 中学受験専門カウンセラー
安浪京子

「普通の子」が
合格する
絶対ルール

最強の中学受験

大和書房

本書は、「今、子どもの中学受験で悩んでいる」
お母さん、お父さんのための本です。
そして、「わが子に合った解決法」で
その悩みを解消するための本です。

私は大手中学受験塾講師、家庭教師、カウンセラーとして、中学受験に携わって20年。本当に多くのお母さん、お父さん方の悩みの声を掘り下げて聞いてきました。

悩みは十人十色であっても、特に多い悩みは左記のように、大きく5つに分類できることがわかりました。

中学受験をする親の悩み「ベスト5」とは？

1 「なかなか伸びない子どもの成績」という悩み

2 「子どものやる気・集中力」という悩み

3 「親子バトル・親子関係」という悩み

4 「志望校選び」という悩み

5 「ゆれにゆれる親のメンタル」という悩み

小学6年生になる前までの時期、小学6年生の前期と後期、
そして受験直前期、それぞれの時期に、それぞれの悩みがあります。
偏差値40台のお子さんも偏差値60台のお子さんも、
それぞれの悩みがあります。
巷《ちまた》にあふれる「こうすべき」「こうしなさい」という模範解答に、
かえって苦しめられたことはありませんか。

本書は、「優秀な子どもが最難関校に合格する方法論」ではありません。

偏差値にかかわらず、「やる気・本気が見えない」「成績が上がらない」「親子バトルになりがち」というご家庭が対象です。


親子バトルが減ると、親のメンタルは安定し、お子さんのメンタルも安定し、成績は上がります。

すると親のメンタルが安定し、親子バトルは減り、お子さんの成績は上がります。

「いいループ」を一刻も早くつくりだすために、今日からできること――。

それを本書でお伝えしたいと思います。

はじめに
なぜ「中学受験生の親」はこんなに悩むのか

定期的に開催している「中受《ちゅうじゅ》カフェ」という中学受験をする子をもつ親御さんの集いで、1人のお母さんがこんなことを言いました。

「息子がダラダラしていてやる気がないので、ものすごく腹が立って、テキストをゴミ箱に捨てたんです。ただ最近は、怒りながらも冷静に捨てちゃダメなものはよけながら考えて捨ててます」

一同、うんうんとうなずき、別のお母さんが話し始めます。

「うちも4、5年生のうちは『塾、やめなさい！』と言ってバーンとテキストを投げると、娘が泣きながらテキストをとりに行っていたんですが、6年生になると『バッカじゃないの!?』と言って動じないので、親がすごすごとテキストをとりに行ってます」

みなさん、「テキストを投げる、破る、捨てる」はあたりまえの前提として、お話しされていました。

この話を読まれて、ずいぶん極端な例だと思われたでしょうか。いいえ、「すっごくわかる！」「まさに私のこと！」と思われた方も多いのではないでしょうか。

こんにちは、安浪京子《やすなみきょうこ》です。

私は浜学園、サピックス、早稲田アカデミーなどの大手中学受験塾で約10年、プロ家庭教師として約20年、算数を教えています。大学時代の講師アルバイト経験を含めると20年以上、中学受験に携わっています。

特に家庭教師として各ご家庭にうかがうなかで、お母さん、お父さん方と近い距離で、苦しい胸のうちをたくさんお聞きしてきました。同時に、子どもたちの切実な悩みもたくさん聞いてきました。

また、親御さんがざっくばらんに語り合う「中受カフェ」や、受験親子のメンタルをサポートする「オヤココンパス」の活動、算数イベントやセミナーなどを通して、本当に多くの方が四苦八苦しながらお子さんとかかわっていることを痛感しました。

子どもの偏差値やクラスにかかわらず、学年や時期にかかわらず、つねにみなさんは不安を抱え、「崖《がけ》っぷち」の心境で奮闘されています。

「さあ、これから」と気持ちを切り替えて、子どもに笑顔で接しようと思っても、テストの点数や偏差値を見ると萎《な》える、いつまでもテレビを見ている子どもにブチッと切れてしまう。何より「数字で突きつけられる」のが、中学受験が過酷で大変なところです。

親の悩みは「キレイゴト」では解決できない

本書は、「キレイゴト」を抜きにして書きました。

なぜなら、もがき苦しんでいる親御さんは、あらゆるところで目にする「理想論」に辟《へき》易《えき》してしまっているからです。

「子どもに勉強しろと言ったことはありません」「感情的に怒らないようにしています」という言葉を聞いて、どこを参考にしたらいいのでしょうか。「じゃあ、うちの子はどうすりゃいいの？」とかえって落ち込んでしまいます。

本書は、いろいろなタイプのお子さんを思い返しながら、最善と思える策、それが効かなかったときの代替策を提案していきます。

正解は1つではありません。お子さんを観察しながら、トライ＆エラーの気持ちで実践していってください。

「親の5つの悩み」の各章は、こんな内容になっています。

1「なかなか伸びない子どもの成績」という悩み

コツコツがんばっても伸びない子は、勉強の仕方がまちがっているかもしれません。「腑《ふ》落ち」のさせ方やテスト見直し時の「○×△法」など、親ができるサポート術を紹介します。「正しい勉強法」で、ラスト3か月でも成績はグーンと伸びます。

2「子どものやる気・集中力」という悩み

そもそも、子どもは「受験はしたいが、勉強はしたくない」もの。まずは、机に向かっているだけでも「スゴイ!」のです。やる気を引き出す声がけは、子どもの「成熟度」によって変わります。特に、成熟度の低いお子さん向けの声がけの実例を満載します。

3「親子バトル・親子関係」という悩み

プレッシャーをかけ、雷を落とし、自己肯定感を下げる言葉を連発してしまう――。そんな親子バトルに終止符を打ちたい親御さんへ、すぐにできる子どもへのアプローチ法をお伝えします。子どもにこっそり聞いた「親への本音」も大公開。

4「志望校選び」という悩み

偏差値だけで志望校を決めていませんか？　同じ偏差値帯でも「管理型」「自由型」の学校があります。入試問題にも「相性」があります。ここでは学校名を挙げ、「わが子に合った学校の選び方」をお伝えします。結果を出す過去問の取り組み方も詳細解説。

5「ゆれにゆれる親のメンタル」という悩み

ゆれにゆれる親のメンタルは、子どものメンタルに影響し、ストレートに成績へ跳ね返ります。まさに、「中学受験はメンタルが5割」。親はまず心身を鍛えましょう。もっともつらい時期の乗り越え方、家族の役割分担についてもお話しします。

お子さんもがんばっていますが、親御さんも同様に、あるいはそれ以上にがんばっているのが中学受験です。

本書がみなさんの心を少しでも軽くし、「やってよかった」と思える中学受験になることを心から応援しています。

『最強の中学受験』もくじ

2章

なぜ、うちの子は勉強しないの!?「子どものやる気・集中力」という悩み

3章

「親子バトル・親子関係」という悩み
――すべての受験親子は感情の起伏が激しい
1点に一喜一憂

4章 メディアからは見えない魅力的な学校、知っていますか? 「志望校選び」という悩み

特別章

THE「過去問」攻略 過去問を効果的に使うために「すべきこと」とは？

5章

合格に導くための絶対ルール

「ゆれにゆれる親のメンタル」という悩み

● 本文中に出てくる各学校の目安は、四谷大塚の合不合判定テスト80偏差値（2018年4月8日実施）で、
最難関校 → 70以上 ／ 難関校 → 60以上
中堅校 → 45以上 ／ 標準校 → 45未満
としました。厳密なものではなく、あくまでも目安です。

● 本文中の人物名はすべて仮名です。

1章

成績は「入試直前でも」上がる！
「なかなか伸びない子どもの成績」という悩み

なぜ覚えたことをすぐに忘れるの？
――人間だからです

「うちの子、やってもやっても覚えなくて」

こう親御さんは嘆かれますが、忘れるのは当然です。人間ですからね。

例えば、6年生の4月でも、勉強した内容は翌月には半分くらい忘れています。

私が家庭教師をしたなかで「この子、よくできるなあ」と思う子がいました。しかしその子でも2~3か月くらいは持つものの、やっぱり知識の抜ける部分があります。覚えても覚えても忘れ、ようやく知識が抜けにくくなって定着してくるのが6年生の秋からです。

たいてい6年生の夏休みは、算数の苦手分野を集中的に勉強します。すると、理解できるようになり、点数は上がってきます。

こうして算数に力を入れていると、理社が手薄になり、9月のテストで理社がボロボロになる。その時期、理社は勉強したぶん点数が出やすいので、今度は理社に力を入れる。

すると、算数がやや落ちてきて、これはマズイと算数にテコ入れする。こうして年が明けたら、理社の知識はあるものの漢字が書けなくなっている……。

このように、「習得しては忘れる」を繰り返すのが通常です。

過去問に取り組みつつも、つねに「穴」を見つけては埋める――こうして入試当日を迎えるのです。

2時間かけて理解し、翌月には忘れてしまう子

私が教えている子どもたちを見ても、習得のスピードと忘れる度合いは、本当にそれぞれです。大まかに分けると次の4つのタイプになり、こちらの接し方も変わります。

タイプ①　すぐに理解し、忘れない子
タイプ②　理解に時間がかかるが、忘れない子
タイプ③　すぐに理解するが、すぐ忘れる子
タイプ④　理解に時間がかかり、すぐ忘れる子

習得のスピードは、つまり理解力です。

できる子は1回説明すればスッと先に進めますが、2時間かけても理解できない子もいます。ようやく理解できても、翌週の授業ではきれいさっぱり忘れている子もいます。

タイプ①で印象的な話があります。東大理Ⅲ（東京大学理科Ⅲ類、つまり医学部）受験専門の塾の先生に、「理Ⅲ生ってやっぱりちがいますか？」と聞いたことがあります。すると、「生徒を見れば、理Ⅲに受かるかどうかはすぐわかる」とのこと。

東大理Ⅲに受かる子は、1回聞いたことを絶対に忘れないそうです。「忘れちゃう子は、かわいそうだけど理Ⅰか理Ⅱにしか受からないね」。それでも十分すごいのですが……。そのくらい、タイプ①は稀《まれ》だと

理解のスピードと忘れる度合い

	特徴	具体例
タイプ①	すぐに理解し、忘れない	●学習をどんどん積み上げ、先に進むことができる ●天才肌の子、優等生タイプの子の 2 タイプがある
タイプ②	理解に時間がかかるが、忘れない	●まじめでコツコツ勉強するが、不器用 ●塾のスピードについていけず、復習テストで成果が出ない
タイプ③	すぐに理解するが、すぐ忘れる	●「ああ、わかった」が口癖 ●おっちょこちょいでミスが多い
タイプ④	理解に時間がかかり、すぐ忘れる	●勉強してもどんどん抜けていく ●入試直前に基本事項が抜けている

いうことです。

では、タイプ別に詳しく見ていきましょう。

算数オリンピックで金メダルを獲るような子

まずタイプ①「すぐに理解し、忘れない子」には2パターンあります。

まじめで素直できっちり積み上げられる子と、いわゆる天才肌の子（勉強しなくてもできる）です。

前者は**指導者からすると一番ラクな生徒です。**勉強さえ教えればいいのですから（そうはいかない生徒がどれほど多いことか……）。前回、勉強したことが頭から抜けていないため、授業もスムーズに進んでいきます。ただし、このタイプはかなり少数派で、各大手進学塾の最上位クラスの半分未満といったところでしょうか。

後者の天才肌の子は、成熟度が高ければ鬼に金棒です。「謙虚さ」や「幅広い知識欲」などを兼ね備えているため、算数オリンピックで金メダル、自由研究で内閣総理大臣賞などを獲得し、最難関校に上位合格していくタイプです。全中学受験生のうち何人いるか……両手で数えておしまいになりそうなので、ほとんど参考にならないケースですね。

一方で悩ましいのが、天才肌でありながら「成熟度が低い」ケースです。深い思考力も幅広い知識欲も旺盛なのですが、いかんせん興味のないことに対して努力するということができません。

また、**「自分は勉強しなくてもできる」という万能感を抱きがちで、努力すること自体を軽んじてしまうところがあります。**

公開テストでは、6年生の夏頃までは応用問題を正解させるなどして、ある程度点数を稼ぎますが、地道な努力をしていないため基礎知識での失点が続き、徐々に周囲に抜かれていきます。あるいは、中学受験はうまくいっても、学習習慣がついていないため中学・高校で伸び悩みます。

このタイプは、成熟度がある程度高くなるまで（14〜15歳）は、本人に興味のあるものに思いきり取り組ませるほうが、後に大きく開花します。中学受験せずに、すべて公教育で過ごして現役で東大合格、という地方在住者には、このタイプが多くなります。

ただし、どうしても中学受験をするならば、興味のない分野と得意分野をうまく紐づけさせましょう。プライドが高いので、「よくこの分野とこの分野が結びついたね！」「○○の法則を見つけよう（○○には子どもの名前を入れる）」とほめちぎり、いい気分で勉強させます。一方、もっとも嫌う地道な基礎については、本人が尊敬（あるいは信頼）する先生との間で「信頼関係維持のために勉強せざるを得ない」という状況をつくって取り組ませましょう。

中学生になって急激に伸びるのが、このタイプ

タイプ②「理解に時間がかかるが、忘れない子」は、すぐには勉強の成果が出ません。塾の授業はハイペースで進んでいくため、思考速度がついていかないのです。よって、クラス分けに一喜一憂せず、**塾についていくことよりも、最終的に入試で勝つことを考えましょう。**

このタイプの子はまじめですが不器用なため、思考の整理、解き方の整理を大人がフォローしてあげる必要があります。

私の生徒にも毎年必ずこのタイプの子がいますが、習得に時間がかかるため、1回の授業では復習テストの範囲を網羅できません。基礎をすべて習得するのにも時間がかかり、当然応用問題までは手が回りません。

しかし、そこで焦らず、じっくり基礎習得に時間をかけましょう。塾の先生の授業がわかりにくければ、無料動画授業（ＹｏｕＴｕｂｅなどで検索できます）でわかりやすい先生を見つけ、繰り返し見ましょう。

基礎が盤石になると、あるとき突然目の前が開けたように応用問題が解けるようになり、入試直前期になるとめざましい上昇カーブを描きます。そして中学・高校で「数学が一番得意になった！」と報告してくれるのもこのタイプです。

小学生に多い「ああ、わかった！」という口癖

タイプ③「すぐ理解するが、すぐ忘れる子」は、テキパキしていて要領がいいタイプか面倒くさがりのタイプ、さらには勉強のしかたそのものがわかっていないタイプです。

「すぐ理解する」と書きましたが、じつは本当に理解しているわけではありません。

「ああ、わかった！」が口癖で、丸暗記して理解した気になっているだけです。

また、おっちょこちょいでミスが多いのも特徴です。問題文を慎重に読めといっても条件部分を読み飛ばす、聞かれていないことを答える、見直せといっても見直さないなど、挙げ始めたらきりがありません。このくだりを読んで、大きくうなずかれている方も多いのではないでしょうか。

しかし、これが一般的な中学受験生であり、大半がこのタイプです。

では、どうすればいいか——身も蓋もない言い方になりますが、「きちんと文を読み、ミスが減る」状態になるには、本人が「ミスをなくしたい」という強い気持ちを持たない

限り無理です。それまでどれほどテクニカルなことを伝えても右から左、馬の耳に念仏、猫に小判。

しかし、何らかの手を打っていかねばなりません。

そこで、ミスをなくすテクニカルな手法を身体に沁み込むまで繰り返し伝え、実施させます。具体的にはこの「3原則」です。

ミスを減らす「3原則」

①問題文で重要な部分に線を引く
②図や式を書く
③答えを書く前に「何を聞いているか」をもう一度確認する

などの方法を繰り返しトライさせるのです。ただし、模試の前に5つも6つも注意事項を伝えたところで頭には入らないため、1つに絞って取り組ませることが重要です。

「今回は、大問1と大問2だけは、式を丁寧に書こうね」などと1つ約束をさせ、模試の結果もその部分のみ評価する――を繰り返し、「ここを注意すれば、この部分が改善された」というサンプルを増やしていきましょう。

その積み重ねが、「ミスをなくしたい」という気持ちが本人にわいてきたときに、生きてきます。

最後の2～3か月に勝負をかける！

タイプ④「理解に時間がかかり、すぐ忘れる子」は正直に言うと、中学受験向きとは言えません。なぜなら中学受験は、膨大な学習量を限られた時間のなかで習得せねばならないものだからです。どれほど勉強しても一向に定着しないということは、何より本人がつらいはずです。

私の生徒にもこのタイプの子がいます。直前期の詰めの授業で、

「内角の和ってどう出すんだっけ？」

と言い、「えっ、この時期に!?」と教えているこちらがガクッとなります。

ただし、長年受験勉強をしてきているだけに「学習体力（詳しくは111ページに）」はついているため、最後の2～3か月で暗記的に詰め込んで乗りきってしまう、という策はあります（完全なる詰め込み学習です）。なおかつ、典型題を中心に出す学校を選ぶ必要があるのは言うまでもありません。

定着率がグンと上がるのは、6年生の秋

6年生の夏休み前は、6年生とはいえ、まだ受験は他人事《ひとごと》です。本気や覚悟といった気持ちは入っていません。

私のところに依頼がくるのは、当然ながら算数が苦手なお子さんです。

私の授業では、6年生の夏休み前は、難しい問題は手をつけさせません。

「塾の先生にこの問題が出るって言われたからやってください」

と頼まれ、目先の復習テスト対策として応用問題や発展問題を教えることはありますが、その場しのぎであるのは否めません。そして案の定、夏休み明けには、これら応用・発展問題の解法はほぼ抜け落ちています。

何度も言うように人間は忘れる生き物です。

最上位クラスの子でも、夏休み前にあれほど勉強したのに、秋になるときれいさっぱり抜け落ちている、ということは多々あります。

あまり演習の機会がない時計算などは、基本的な問題でも忘れることがあります。

しかし、秋以降は定着度合いが変わってきます。

6年生の秋に知識が抜けにくくなるのは、いくつか理由があります。

子どもたちは紆余曲折しながらも、この時期までずっと勉強してきています。勉強に対する体力もついているし、学習範囲も何度か繰り返して既視感がある。秋になると、過去問演習に模擬試験にと、入試を意識する機会が目白押しで、毎週たたみかけるように偏差値や合否判定が突きつけられます。この状況になるとさすがに現実を直視せざるを得なくなり、「このままで大丈夫だろうか？」と不安と焦りが出てきます。

今まで子どもの脳は栓をせずお湯を入れ続けたバスタブでしたが、この焦燥感こそが、バスタブにようやく栓をしてくれます。つまり知識を蓄え始めてくれるのです。

こうした学力の底上げに加え、焦燥感やハードな受験生活が成熟度を底上げさせ、そこに本人の意思（受験に対する主体性）が加わると、定着率がグンと上がってくるのです。

計算は、正確さの次に速さを磨く

お子さんはどちらのタイプでしょうか。

- **計算は速いが、ミスが多い**
- **計算ミスは少ないが、時間がかかる**

もちろん、「計算が速くて正確」というお子さんもいますが、それでも疲れていたり気にかかることがあったりするときは、スピードも落ち、正答率も下がります。

さて、**計算に「スピード」は必要ですが、その子に応じた適正な速さ（正答率がもっとも高くなる速度）があります**。ただし、入試には制限時間がありますし、計算速度は算数全般に影響するので、何とか速さも上げたいですよね。

まず、「計算は速いが、ミスが多い」子には、**「ゆっくりでいいから、必ず正解できる速**

「さあ、ここまでの問題を丁寧に解いてごらん」と繰り返し伝えます。日々の計算演習は、1日10問やっていたならば5問に減らして、倍の時間をかけて解かせましょう。復習テストや公開テストは、最後まで目を通せなくてもいいので、ゆっくり丁寧に解かせます。

たとえ点数が下がったとしても、解いた問題の正答率が上がっていれば、おおいにほめてあげましょう。もともとスピードのある子です。スピードを上げることは簡単なので、本人に正答率が高くなる最適なスピードを探らせましょう。

計算ミスには、「じっくり1日2問」が効く

計算ミスの多い子は「精読《せいどく》」で精度を上げましょう。

国語のように長文をじっくり読む「精読」でなく、2〜3行の問題を丁寧に解かせる「精読」です。1日2問でいいので、あまり難しくない問題をきちんと解いて、1回で正解する練習をします。もう少し集中力が続きそうならば、1日3問できるといいですね。

つい親は10問くらい一気に解かせようとしますが、それがミスのもとになります。1日2問解かせるときは、2回目で正解してもダメだというルールを子どもに植えつけましょう。2回目で正解する子は、「足してダメなら引いてみよう」と答えを適当に調整していたりしますからね。

計算ミスはゼロになることはない。減ればヨシ！

ここで意識しなければいけないのは、どんな子であってもミスをゼロにすることは非常に難しいということです。

親はゼロにしようと考えるため、普段はミスを5個している子がミスを2個に減らしても怒るわけです。

でも、ミスは減ればOKです。

ミスの原因は、そもそも文章をきちんと読んでいないこと

ミスとひと言でいっても、それが計算ミスでないことも多いですよね。

問題を斜め読みして細かいところまで読んでいなかったり、「答えが出たのに、別のほうを答えちゃった」「数字を見まちがえてた」という子、心当たりがあるでしょうか。

それは算数だけの問題ではなく、どの科目にも共通していることです。文章の一言一句

にすべて意味があるということが理解できていないのです。

なんとなく文章を読んで、このへんの数字を組み合わせて式をつくれば答えが出るでしょ、という感覚です。4年生、5年生の子に多いのですが、こういった子に「ちゃんと問題を読みなさい」とだけ言っても直りません。

そういう子には、そう、さきほどの「3原則」を約束します。

ミスを減らす「3原則」

①問題文で重要な部分に線を引く
②図や式を書く
③答えを書く前に「何を聞いているか」をもう一度確認する

これらを、物理的に「作業」させます。

そもそも計算ミスが多い子は、手順をはしょっていたり、字が雑だったりすることが多いので、まず②を徹底させます。

とはいえ、これらの手順を「面倒くさい」と一刀両断する子もいますが、それを容認していては中学受験を乗りきることはできません。1日3問だけでもいいので、①〜③の手順を踏ませましょう。

一度注意しただけで、パッと直る子はほとんどいません。

私と一緒に解いているときは直ったとしても、またすぐもとに戻ってしまいます。

それでもめげず、毎日コツコツ続け、時間をかけて少しずついい方向にしていくことが大切です。

私はテストやノートを見るとき、たとえ点数がよくても字が雑だったら、「そもそも見る気にならない！」と言って、基本的に評価しません。

ただし、運動会の練習で疲れていた、学校で友達とこじれたなどの場合は字が雑になります。普段以上に筆跡が乱れているときは、「なぜここまで乱れているのか」の理由を探ることも大切です。

親が言っても聞かない、話してくれないときは、塾の先生などの第三者にお願いして言ってもらうといいでしょう。

模試でミスをなくすには、時間配分もカギになります。

私が教えているダイスケくんがある日、塾で解いた立体図形のプリント1枚4問、すべてに×をつけて帰ってきました。

「きみが解けないわけないじゃん」と言うと、「だって、これ5分でやるんだもん」とダイスケくん。本来10分近くかけて解くレベルの問題であり、5分で解けるわけがありません。時間がないことに焦って適当に解いて×になったのです。

そのプリントを見て、本人も親もへこむのですが、非常にナンセンスです。

もちろん無駄に時間をかければいいわけではありませんが、精度を上げるために、私はあえてその倍の時間を子どもに与えます。

「じゃあ今日は20分かけてやってごらん」

このようにじっくり落ち着いて解けるようにします。

「時間をかけて丁寧に解けば、点がとれる」＝「理解できていないわけではない」ということを、まず子どもに認識させる。

そうすると子どもは自信がつく。

そうして、だんだん時間をしぼっていきます。

「じゃあ次、似たようなプリントだけど、今度は15分でやってみようか」

どんどんスピードをアップしていき、精度を上げていきましょう。

計算ミスする子は、ストップウォッチは禁止

ただ、スピードを意識するからといって、むやみにストップウォッチを使うことはオススメしません。

計算のスピードを上げる手順は先に話した通りです。

「4人の子どもを東大理Ⅲに合格させた」佐藤家はストップウォッチを使っていますが、これは計算力と基礎力があるという前提で、集中力をつけさせ、よりスピードを意識させるために使用されていたのだと思います。

解法が理解できていない子にむやみにスピードをつけさせようとしても、何も考えず解法を丸暗記してしのぐだけになってしまいます。

きちんと理解できていない段階の演習で、ストップウォッチは使わないほうが賢明といえるでしょう。

テストの時間切れ。スピードを上げる「型」とは？

とにかくゆっくりで問題の手が進まない子もいますよね。こういう子はまず、演習量が足りていません。反射的に答えができるまで演習をさせます。

解法パターンという「型」を身体に覚えさせるのです。

例えば、2種類の食塩の混合問題。速い子は一度教えるとサッと解き始めるのですが、ゆっくりの子は1問解くのに5分以上かかったりします。「天秤って、どういうふうに書くんだっけ？」といちいち考えながら解いています。

テストでは、そこでウーンと考えていたらアウトです。反射的に答えが出るようになるまで反復させます。

目の前で5問ほど解かせ、宿題でも数値替えの基本問題を出して、「型」を体に入れます。どの偏差値帯の子でもそうです。上位クラスの子で難しい典型題に悩んでいる子には、「型」を覚えるまで何度も解かせます。時間がかかる問題は、覚えるしかないのです。

ただし、解法を丸暗記しても意味はありません。テストで頭が真っ白になり、パーンと飛んで、出てこなくなってしまうかもしれません。なぜこの公式になるのかを理解することが大事。

「どうやって公式をつくったか、1から説明してごらん」と子どもの口で説明させると定着していきます。

一方、時間をかけてもミスがまったく減らない場合は、スピードの問題ではなく、単に基礎不足です。おそらく、塾で先生の授業も「ハイハイ」と話半分で聞いていたり、テキストの解説を読み飛ばしたりすることが多いはずです。

そして問題なのは、それが勉強だと思っていることです。この場合は、大人が勉強の仕方を教えてあげなければなりません。

とことん時間をかけて、本人が理解できるまで基礎を掘り下げ、「理解したうえで問題を解く」という型を教えましょう。

スピードは、基礎が入ったうえで磨くことになります。

劇的に計算スピードが上がる方法

「計算ミスは少ないが、時間がかかる」子は、精度が崩れないレベルでスピードを上げて

いく必要があります。なかでも、

- **繰り上がりのある足し算（一桁＋一桁）**
- **繰り下がりのある引き算（二桁ー一桁）**
- **九九**
- **割り算（九九の逆）**

これらを瞬発的に答えられるようにするだけで、劇的に計算スピードが上がります。

単語帳の表に式、裏に答えを書いてフラッシュカードのように訓練しましょう。

なかでも、**みなさん九九は大丈夫だと思いがちですが、7の段、8の段の苦手な6年生がいかに多いことか。**九九が盤石でないと、割り算のスピードが確実に落ちます。九九に関して、学年やクラスは関係ないと常々痛感しています。

また、中学受験塾に通っていても、基本的な四則のルールがわかっていない高学年も非常に多いのが実情です。

＋－×÷が混在しているとき、どこから計算すべきなのか、分数÷分数のときに÷を×にして逆数にすることができるか。

これら小学校で習う計算をバカにせず、手順をきちんと確認してあげましょう。子どもは意外なところでつまずいています。

拙著『小学校6年間の計算の教え方』(すばる舎)に、子どものつまずくポイント、どう教えてあげればいいのかなどを細かく説明していますので、よければ参考になさってください。

コツコツ勉強していても、成績が上がらないのはなぜ？

子どもがコツコツ勉強していると、親としては安心します。宿題も全部まじめにやっているし、ノートもきれいだし、途中式も丁寧に書いている。なのに、成績が上がらないのはなぜ？

そんなご相談をたびたび受けますが、そのノートを見ると「ああ、取り組み方がまちがっているな」とつらくなります。

勉強は、「成績が上がる勉強の仕方」で取り組まなければ意味がありません。

「きれいなノートづくり」は勉強ではない

昨年教えていた6年生のユカちゃん。大手受験塾の下位クラスにいましたが、毎日取り組む計算演習では式も答えもきれいに書いてあり、10問全部に○がついています。このクラスで全問正解できるわけはないだろうと思って、「今、目の前で解いてごらん」と促すと、やっぱり解けません。ユカちゃんは、板書をそのままノートに写しきれいなノートをコツコツつくることが勉強だと思っているのです。

また、ノートに×がつくのを嫌うため、宿題は解答を見て答えを写し、〇をつける。×が多いと親に怒られるという気持ちもあるのでしょう。

そして、整ったノートをなんとなく眺めてわかった気になっている。

最初のカウンセリングでユカちゃんもお父さんも、「ああ、今までの勉強は、勉強ではなかったんだ」と、衝撃を受けていました。

そこでまずユカちゃんには、「×がいっぱいついていいんだよ」と話しました。

割合の授業で、「まちがってもいいから、線分図を書いてごらん」と言うと、今まで書いたものを消して完成形を書こうとします。

「まちがえたのは残しておいて、下に書いてごらん。この試行錯誤の過程が勉強なんだよ。

一発で正解させられたら、あなたはこのクラスにいないはずだよね」

翌週の授業で宿題を見ると、ノートは×だらけでした。「いっぱい考えたね」と、×が多いことに花マルをあげました。

「テストの振り返り」で即20点アップする方法

じつは、**算数で20点上げるのは簡単です**。

算数は1問5点とか7点ですから、「計算を絶対まちがえないようにしようね」と念押しするだけで10点や20点、点数は変わってきます。逆に、気を抜くと10点や20点は簡単に下がります。

算数が怖ろしいのは、計算を2問落としただけで偏差値が5くらい変わることがあるところです。下がった偏差値を見て、親も子もドーンと落ち込むわけですが、採点された答案用紙を見て、私はまずこう言います。

「**×がついている問題で、自分がとれるはずだったものに○をつけて**」

正答率を伏せて、子どもに○をつけさせるのです。

そして○がついた問題から、解き直しをしていきます。

なかにはジョーカーのような問題（パッと見は簡単そうでも正答率が著しく低い）もあ

ります。子どもがそれに○をつけ、解き直しを始めて手が止まったら、「じつはこんなに難しいらしいよ」と明かします。そして、

「今解き直して○がついたものの点数を積んでごらん」

すると、**偏差値がポンと10くらい上がります**。

この作業を繰り返すことで、子どもの取捨選択眼を鍛えることになります。

「×が多すぎて、テスト直しが苦痛」の子には

「テスト直しが大事というけれど、×が多すぎてげんなりしています」

こういう声もよく聞きます。

×がついた問題すべてを解き直す必要はありません。

どの問題に手をつけるかは、テスト結果についてくる正答率を基準にしてください。もちろん塾のクラスや志望校にもよりますが、**標準校・中堅校が第1志望なら正答率70％以上、難関校・最難関校志望なら50％以上の問題が目安となります**。

私が必ずすることは、×がついた問題について、

「これ、どうやって考えたか説明して」

と子どもに説明させることです。うまく説明できなくても、どこでミスしたかを子どもにみつけさせます。

ミスをみつけると子どもは1から解き直そうとしますが、その必要はありません。時に、正解していても怪しいなと思ったら、「これ、〇がついているけど、どうやって考えたか教えて」と説明させることもありますが、親がそこまで掘り込んで聞くのは難しいでしょう。

解き直しするものは、

- **×がついた問題で、正解できるはずだったもの**
- **×がついた問題で、正答率が一定以上のもの**

を基準にしてください。

緊張しやすい子が自信を持ってテストに臨むには

私が数年前に教えていたコウキくん。塾の宿題や私が出した課題は解けるようになっていったのですが、テストになると解けません。そのテストを家に持って帰ってくると、解けるのです。

「なんでそれを本番でやってこないの！」と親は責めたくなるわけですが、やはりこれはメンタルが影響しています。

コウキくんはテストに対する自信のなさから、テストでいつも緊張します。

テストでいかに自信を持つか。いかに実力を発揮するか。それも子どもによってケースバイケースですが、私はテスト前、子どもにこう言って送り出します。

「**解ける問題だけ解いてくれれば十分点数はとれる。わからない問題はみんなもわからない問題**」

「緊張にはいい緊張と悪い緊張がある。勉強してきて気負うのがいい緊張、準備不足で不安なのが悪い緊張。いい緊張はいつも以上のパフォーマンスを発揮させてくれるよ」

「朝の100メートルダッシュ」で緊張を和らげる

もう1つ、緊張しやすい子に効く方法があります。

それは、**本番当日の朝、運動によって心拍数を上げること**。

そうすると、その日はそれ以上の心拍数にはならないという研究結果があります。よって、テストではどんなに緊張しても、心臓がドキドキしすぎて頭真っ白とはならないはずです。100メートル全力疾走や、その場で1分間の「かけ足」などをオススメしています。

ただし気をつけたいのは、受験生はたいてい運動不足だということ。当日いきなりダッシュしたら、すってんころりで大ケガしてしまうかもしれません。

復習テストや公開テストのたびに100メートルをダッシュするのは子どもにとって面倒だと思いますが、入試となると話は別。

私はいつも入試1週間くらい前から子どもに走らせています。なかには当日しか走らない子もいますが、身体的にだけでなく、緊張対策の暗示かけになる効果は絶大です。もちろん体力維持、運動不足解消にもなってオススメですよ。

子どもの「腑《ふ》に落ちた！」を確かめる方法とは

「ああ、そっか！」

「わかった！」

算数を教えていると、子どもが腑に落ちる瞬間にたびたび出会います。こういう反応があるとうれしいものですが、なかには口癖のように言っているだけの子もいます。親は子どものペースにのみ込まれないようにしなければなりません。


腑に落ちたかどうかを知るには、子どもの口で説明させることです。これはなかなか根気がいりますが、納得するまでぜひ聞いていきたいものです。


「中受カフェ」で、あるお母さんからこんな質問を受けました。

「きょうこ先生の本に、腑落ちさせましょうとありますが、**子どもに説明してごらんと言うと、面倒くさいからイヤだって言うんです**。それに、たとえ子どもが説明してくれたとしても、私には難しくてよくわかりません。この状態で、腑落ちをどう測ったらいいのですか」

たしかに、6年生の算数はお手上げという親御さんも多いですよね。しかし、お手上げの親こそ、子どもが本当に腑落ちしているかどうかを誰よりも測ることができます。

なぜなら、子どもの説明がわからないということは、子ども自身がその問題をわかっていない、ということだからです。

親でも理解できるように説明する――これが腑落ちを見極める基準となります。

同時に、親が勉強を見ることは大変なのも重々わかっています。子どもは甘えて反抗的な態度をとり、親はそんな態度にキレるという光景が目に見えます。

その場合は、まず塾の先生に相談し、それも手薄だと感じたら、個別指導や家庭教師など「外注」することも検討するタイミングかもしれません。骨を折ったらお医者さんの力を借りるように、プロの力を借りることも手です。そこで立ち往生していても解決できないですからね。

中学受験のスタートが遅れても、こんな子は伸びる

5年生になって受験勉強をスタートしたという子もいるでしょう。4年生やそれ以前から塾通いしている子も多いなか、「出遅れた？」と心配になるかもしれません。

しかし、**「学習習慣と基礎学力のある子」ならば、中学受験は2年間で間に合います。**

その基準とは、

・学校のテストで、特に対策しなくても100点満点で80点以上とれる

・1日4時間以上、苦なく座って勉強が続けられる

です。さらに、難関校を狙えるかどうかは「どのような素地があるか」にかかっています。この「素地」というのは、勉強でなくてもかまいません。

5年生のケンタくんは、サッカーに一生懸命取り組んでおり、小学校の勉強以外はほとんどしていませんでした。ただ親子の会話を聞いていると、この子はきっと賢いだろうと感じました。親御さんの会話が上手なのです。

「授業中に扱ったプリントをファイルにとじてね」とお母さんが用意したファイルをケンタくんに渡したところ、開けるのに苦労していました。そのファイルの構造はやや複雑だったのです。こういうとき、ほとんどのご家庭では、

「もう、何やってるの！　貸してごらん」

と言って親がファイルを開けてしまうのですが、そのお母さんはちがいました。

「**これどうしたら開くと思う？　よく見てしくみを考えてごらん**」

こう言ってじっくり待っています。親は一切手出しせずに見守る。お父さんもお母さんもつねにそういう話し方をしているため、ケンタくんは自分の頭で考え、自分の言葉で話してくれます。

こういう子は、受験勉強の素地があるといえます。

ただやはり、5年生になるまで学校の勉強以外はしてきていないため、学習体力（11ページに詳しく書いています）がありません。私との授業はうんと頭を使い集中してい

なければならず、30分で疲れてしまいます。勉強の仕方も我流だったので、基礎的な知識が定着していませんでした。

しかし、夏休みに集中して教えることによって学習体力がつき、勉強の仕方もわかって宿題の密度が上がり、大きく飛躍しました。

こういう子は、受験勉強の開始が多少遅くても、受験に間に合います。

中受の土台に上がっていない「本棚のない家庭」

家に勉強という空間のベースがあるかどうかも重要です。

いろいろなおうちにうかがっていますが、中学受験の土俵に上がっているかいないかは、「本棚」を見れば一目瞭然です。

マサカズくんのおうちにカウンセリングでうかがった際、本棚や本が見当たりませんでした（子ども向けの雑誌はありましたが）。「本は読まないの？」と聞くと、「ほとんど読まない」と即答。ゲーム機の種類は豊富でした。

また、**マドカちゃんのおうちは、本棚はあるのですが、ほとんどが漫画で埋まっていました**。その頃、流行していた『ハリー・ポッター』が2冊並んでいたので、（一応は読むんだ……）と少し安心して「『ハリー・ポッター』読んでどうだった？」と聞くと、「長くて字ばっかりだから5ページくらいしか読んでない」とのこと。これで、どうやって国語の読解問題を解くのでしょうか。

それでも、「友達がみんな塾に行ってるから、私も行きたい」と受験勉強を始めることがあります。しかし、その子を取り巻く環境に「勉強の素地」がないと中学受験はなかなか厳しいと感じています。

楽しく通塾。でも成績が上がらないのはなぜ？

「おもしろかった」「わかりやすかった」と塾から帰ってくる子はたくさんいます。子どもを引きつけるのに長けた先生も多いですよね。キャラクターがユニークだったり、笑いをとったりして、学校の先生とアプローチもちがいます。

「楽しんで塾に通うことは悪くないが、テストの点につながっていない……」

こう悩む親御さんも多いのではないでしょうか。子どもが「おもしろい」と言うわりには授業内容が頭に残っていないのは、どうでもいいことばかりに注目しているからです。

「○○ちゃんがこう言ったら先生に怒られて、そのとき○○くんがいきなり消しゴムを投げてきて……」と、そんなことばかり覚えています。

塾は遊びに行くところではない、というのが大前提です。親の働きかけで、子どもにこの意識を持たせることはできます。

塾の授業を根づかせる、親の声がけ

フェリス女学院に受かった子のお母さんの話です。

フルタイムで働くお母さんにとって、塾のお迎えの車の中が親子の貴重な会話タイムでした。いつも、「今日、何を勉強したの？」と聞いていたそうです。

「今日は、場合の数」「どうだった？」「なんかよくわからなかった」ということもあれば、「今日は速さだった」「どうだった？」「けっこうできたよ」ということもあります。会話のなかで、子どもの理解度を把握していたと話していました。

「確認テスト、何点とれた？」と聞いてもいいですが、それは答案を見ればわかることです。それよりも何を勉強してきたかを聞くことが大切です。

こういう会話を続けるうちに、子どもは次第に「順列はわかったけど、それ以外がわからなかった」と、具体的に説明できるようになります。

ちなみに、**「塾がおもしろい」と言ってくるのは、だいたい4、5年生か、6年生でも夏休み前まででしょう**。6年の夏休みを過ぎると、塾の先生は追い上げにかかり、楽しい授業なんてしていられなくなりますから。

「朝型スタイル」が苦手な子には、こんなやり方で

「朝型にしましょう」という話はあちらこちらで言われますが、効率的な睡眠方法や寝起きの良し悪しは子どもによってさまざまです。

早起きしてすっきりできる子と、まったく起きられない子に同じことを強要するのはナンセンスです。

朝が弱い子を無理矢理朝5時に起こして計算と漢字を勉強させようとしても、頭がボーっとして1時間以上腑抜けた状態でいるならば、時間がムダなばかりでなく、子どもの心身にとってもよくありません。これは「意志が弱い」など精神面でなく第二次成長期の身体的な個人差もあります。

ただ、入試は午前中に始まる学校が多いので、そこに体内時計を合わせていきたいですよね。

理想をいえば1か月前から早起きして入試本番に備えてほしいですが、なかなか1か月はがんばりきれません。「脳の学校」代表であり、脳科学者の加藤俊徳《かとうとしのり》先生によると、脳の構造が変わるのにかかる期間は3週間だとか。こちらを目安にしてもいいでしょう。

とはいえ、本当に朝が弱かったリュウヘイくんには、入試1週間前からがんばって朝型スタイルにしてもらいました。前日、当日だけ早起きという通常と違うパターンの生活は負担が大きく、入試は心身ともに大きく消耗します。初日で合格が決まればいいですが、なかなかそううまくはいきません。入試が始まって2日目、3日目に影響が出てきます。

早起きのために「楽しみ」を用意する

では、朝型を習慣化させるにはどうしたらいいでしょうか。
「オヤココンパス」では2つのステップを紹介しています。

1つめは、朝起きるときの楽しみをつくること。
例えば、チョコレートペーストをたっぷり塗ったパンを食べるとか、好きなフルーツを用意しておくのもいいですね。

2つめは、勉強を「快」の感情にすること。

朝勉強するなら、苦手教科にチャレンジするより、子どもが好きで得意な教科、もしくは計算や漢字などの作業的な勉強をすることがオススメです。

ちなみに毎朝計算をやっていたカオリちゃんは、計算に「快スイッチ」が入り、入試が終わっても「計算をしないと気持ち悪い」といって3月も毎日計算を続けていました。中学に入ると生活が変わり、別の課題も増えて、残念ながらそのスイッチは切れてしまったようですが……。

わが子の「ベストな睡眠時間」を探る

明治薬科大学の駒田陽子先生によると、子どもの睡眠時間数の減少は世界的に問題視されており、なかでも日本人の睡眠時間は著しく少ないとのことです。

最新の研究報告（アメリカ睡眠財団2015年）によると、小学生における睡眠時間の推奨レベルは9時間以上、許容範囲は7~8時間、そして7時間未満（あるいは12時間以上）となると不適切だそうです。

受験生で9時間の睡眠を確保するのはなかなか難しいと思いますが、受験以上に身体にとって大切な時期ゆえに、せめて7時間以上は確保してあげてください。

先の研究によると、**睡眠時間が短い生徒は、注意集中力、興味動機づけが低下し、学業成績も低く、太りやすいとの結果が出ています**。

6年生になって急激に太ったという子は、塾から帰ってきて夕食をとるのが遅いから、初潮前だから、という理由のほかに、睡眠不足が起因のケースもあります。

ただし、子どもによって必要な睡眠時間はそれぞれ。

駒田先生によると、もっとも大切なのは、わが子にとっての「ベストな睡眠時間」を親が探ることだそうです。

ご飯をたくさん食べる子と小食な子がいるように、お友達は7時間でがんばれているかもしれないけれど、わが子は8時間眠ったほうが力を発揮できそうなら、周囲に惑わされずに睡眠をとる環境をつくってあげてください。

「塾にすべておまかせください」を鵜呑《うの》みにしない

「全部おまかせください。親御さんは何もしなくてけっこうです」

という塾、ありますよね。でも、子どもは放置しておくと、易《やす》きに流れ、どんどん成績が下がっていきます。

受験勉強は時間も限られ、やることは膨大です。暗記も大切、理解することも大切。自分から勉強に取り組み、学習内容が理解できる子はいいですが、そうでない子は大人がある程度フォローしてあげなければいけません。さらに子どものメンタルのフォローこそ、家庭でする必要があります。

受験生の親は「ちょうどいい距離感」が苦手

親御さんを見ていると、両極端に分かれます。

タケルくんのお母さんは、「どうして勉強しないの?」「どうして成績が上がらないの？」と責めるばかりで、ほとんど勉強に関知していませんでした。

お母さんは働いており、お父さんは単身赴任、幼稚園に通う妹もいます。お母さんもいっぱいいっぱいで、「私は中学受験のときにちゃんと勉強したのに、どうしてタケルは勉強しないのかわからない」「反抗的なタケルにどうかかわったらいいのかわからない」とあきらめモード全開。

タケルくんは1人では勉強できないタイプなので、お母さんに「一緒に勉強してあげてください」とお願いしました。

それでも最初はやはりうまくいきません。

「勉強しようと声をかけても、こちらに来ないんです」

「どうして私がお願いして勉強してもらわないといけないのか、バカらしくて情けなくて」

という状況が続きました。

日々の生活を過ごすだけで精一杯のお母さんの気持ちもわかり、最初の頃は授業後にお母さんの話を1時間以上聞くことが続きました。**まずはお母さんの心の風通しをよくすることが重要です。**

同時にタケルくんといろいろと話しているうちに、親の愛情不足が影響している印象を受けました。お母さんに精神的な余裕が少しあるときを見計らって「もっとタケルくんを見てあげてください」「妹のいないときに、〝タケルくんが一番好きだよ〟と言って抱きしめてあげてください」とお願いしたところ、親子で勉強できる時間が増えてきました。

親がのめりこむ「親子逆転」のケースとは

逆に、過干渉気味のお母さんには、「もう少し手を放してあげてください」と伝えています。

チエちゃんのお母さんは子どもが学校に行っている間、塾のテキストとにらめっこし、問題を解いたり付箋《ふせん》を貼ったり、子どもの知識定着が甘い部分のフラッシュカードを作ったりと、非常に熱心です。

テストが返却されるたびに私に事細かく報告され、「先生、うちの子、この問題とこの問題がわかっていないみたいで」と相談されます。

子どものミスや苦手分野を細かく把握しているのはいいことですが、完全に親主導になるのは問題です。

チエちゃんは「親に言われたことだけ勉強する」という姿勢で、テストでも積極的に点数をとりに行くというガツガツ感がありません。

特に算数は、親のほうがのめり込むことがあります。テキストの解説を読んでよくわからなくても、〝方程式〟を使って出した答えが正解だとスカッとするようで、特に受験勉強で成果を出してきた親御さんにその傾向が見られます。そして、

「**過去問は私のほうが解ける！**」

「なんであなたは解けないの！」

などと言い出します。親がカリカリ問題を解いているのを子どもが横で見、親が一生懸命説明しているのを子どもがフーンと聞いている。

完全に親子逆になっていますよね。このような場合は、親がぐっとこらえてある程度子どもに任せることが大切です。もちろん、子どもに任せると勉強しないわ、点数が下がるわとイライラしっぱなしになると思いますが、子ども自身もあまりに点数が下がると焦ってきます。そして「ここ、わからないから教えて」と聞いてきたらしめたもの。

以前より、親の説明をまじめに聞くようになります。ただ、2〜3割増し程度ですけどね。子どもはそんなものですが、完全に受け身ではなく、少しでも主体的に取り組むようになったことを大きく評価しましょう。

勉強道具一式、親がそろえていませんか？

子どもが勉強するとき、親がテキスト一式を揃えていませんか。

最近、指導先で多いのが、私が授業で「この間のテスト見せて」「テキストが見当たらないんだけど」と子どもに言うと、親がサッと差し出すパターン。

そこまで親がするのは「過干渉」といえます。直近のテストやいつも使っているテキストくらい、自分で用意させせましょう。何でも親がお膳立てすると「勉強してやっている」と子どもは奢ります。

親の仕事は、環境を整えること。

「塾のテキストはこの棚に入れようね」と親が決めても、管理は本人にさせる。

テキストをなくしたら、どうすればいいか、本人に考えさせ、時に塾の先生に相談に行かせる。「ママがちゃんとしてくれないからだ！」と文句を言うようになると、受験が終わっても、つねに責任転嫁します。

お子さんがハイハイからつかまり立ちをし、その次に何をされましたか？　歩けるよう手助けをされたのであって、親が代わりに歩くなんて発想はなかったのではないでしょうか。

親がフォローすべき部分と、子どもの自立・主体性を育むために手を引く部分を明確にしておきましょう。塾ではそこまで詳しく教えてくれません。

宿題がこなせず積み残しが増えていく。どうしたら？

塾や校舎によって、宿題の量はちがいます。

宿題の量が非常に少ない塾、「何を勉強するかは自分で考えさせる」というスタンスで宿題そのものを出さない塾。しかし、圧倒的に多いのは山のような宿題を前に積み残しが増えていくケースではないでしょうか。

宿題が多いことで有名なある塾は、「宿題が終わらないので間引きたいんですが」と親が相談すると、「とにかく終わらせましょう」と返ってきて会話がかみ合わないという話もあります。

宿題を出す側の先生も、他科目からどの程度宿題が出ているかを把握せずに一方的に出すケースがほとんどです。どの科目の先生も、自分の科目の成績を伸ばすために必死ですから、全部の宿題を合わせると「1日24時間、1週間が7日では到底終わらない」ということになります。

また、個人個人の理解度に合わせて出しているわけではありません。

そんなときは、「深夜2時までやっても終わらないんです」「睡眠不足でふらふらで学校に行っているのです」と子どもの体調を理由にして、なんとしてでも、優先順位をつけてもらいましょう。それでもダメな場合は、優先順位が低いと思われる宿題に関して「うちはやりません」と塾に宣言してください。

もちろん、間引くのは親。

子どもに間引かせると、大切なものをすべて間引いてしまいますし、自分で間引くのがクセになると、宿題を出されても「どうせやらなくていい」と易きに流れます。

ただし、次のような宿題指示はおおいにやる価値ありです。

・解く問題番号を細かく指示している
・先生自作のプリント（テキストで補えない内容、クラスレベルに応じたもの）

「とりあえず授業で扱った問題の解き直しをやっておいてね」というのは先生の惰性があ

ることが多いです。

また、**塾の先生が「宿題をどこまで見てくれるか」も重要です**。

出した宿題に責任を持って目を通し、的確なコメントを書いてくれる先生ならばいいですが、惰性で出した宿題で、子どもの宿題ノートに検印のみの場合は、「この宿題はやらなくていいから、私の宿題をやってね」とすることもあります。

親こそ、宿題の量をコントロールする

まず大前提として、宿題を全部やろうという努力は必要です。

しかし、手つかずの宿題が増えても力はつきません。手の内に収まる量を確実にモノにするほうが力はつきます。

そのためには宿題を間引いて「やるべきこと」をクリアにすることが肝心です。

「合格圏外の子が合格!?」なぜ合格できたのか

2月になると、受験を終えた子どもたちの合否の話が飛び交います。なかには、「合格圏外の子が合格!?」という話もありますが、こんなことは可能なのでしょうか。

合格圏外というのは、あくまで塾の模試の結果です。

しかし、入試問題には学校ごとに傾向があります。志望校の入試問題が記述ばかりならば、答えのみを書かせる模試での合格判定より、過去問への食い込み度合いを見るべきです。

また、塾の先生が保護者会で「一番下のクラスの子が、難関校にミラクル合格しました！　これこそが、うちの塾の底力です。一番下のクラスでもご安心ください」と鼻息荒く説明されているのを聞くと、「その子の合格は個別指導や家庭教師のおかげもあるのでは？」と首を傾げたくなります。塾の合格実績に個別指導や家庭教師のフォローは含まれませんからね。

最難関校、難関校は学校名のついた志望校対策特訓があり、その学校に特化した授業が展開されますが（なかには過去問を解かせるだけの特訓講座もあります）、それ以外の学校は**「難関校特訓」のような名前の講座に、中堅校・標準校・男子校・女子校・共学校志望の子どもがすべて押し込まれ、お子さんの志望校に特化した対策はしてもらえません。**

そのような状況下で合格できるのは、家庭で塾以外に徹底的に手を打った賜物です。

もしもA校は「場合の数は難問しか出ない」という傾向があるならば、「場合の数は捨てるよ」とあらかじめ決めていくのも志望校対策の1つです。

とはいえ、志望校対策さえすれば受かるという単純な話ではありません。志望校対策をするためには基礎力は不可欠です。例えば、B校は「毎年ひねりのあるつるかめ算を出す」という傾向があっても、つるかめ算の基礎力をつけることなしに問題を解くことはできません。

こうした基礎力も含めて、**しっかり志望校対策をすれば、合格圏外でも受かることは可能です。**何の手も打たずに、圏外で合格することはありません。

家庭教師業界では「医学部受験と中学受験」がもっとももニーズがあります。

口には出しませんがみなさん中学受験のシビアさをわかっているご家庭は、ほとんどが何かしらの手を打っているのです。

過去問対策で「合格圏外」を飛び出せる

では、具体的にどういう手を打つか。特別章190ページからの過去問対策で詳しく説明しますが、以下のような手順で進めていきます。

私が過去問でまず行うことは、「目標点数」を決めることです。

多くの学校で合格最低点を出しています。そこで、国語何点、算数何点と、確実に受かるラインで目標点数を決め、その点数がとれるようにピークを本番に持っていきます。本番2か月前の時点で、目標点数マイナス15～20点くらいとれるようになっているのが理想です。

模試では、最後まで結果が出ない子もいます。アキちゃんは、6年生9月の四谷大塚の合否判定で、**算数がなんと7点（150点中）でした。**その後の模試もパッとせず、1月の「前受け（本番前に受ける入試）」でも落ち、頼みの綱のは合格最低点を上回っている過去問のみでした。そして最終的に第1志望校に受かりました。

逆転合格に必要なのは、徹底した志望校対策と直前期の学力の伸び（波に乗る）、そして当日の子どものメンタルです。

子どもが一番伸びるのは、「直前期」（本番の1～2か月前）です。

同じ偏差値帯でも入試問題傾向は大きなちがいがあります。そこに照準を合わせた対策をすることが、合格圏外から飛び出すカギです。

特別収録①

「最強の夏休み」の過ごし方・成績の伸ばし方

夏休み前に苦手分野を洗い出しておく

中学受験生の夏休み――高い理想をかかげて、やる気に燃え、並々ならぬ決意を抱くのは、子どもではなく、親御さんです。

私はこの夏休みを、「弱点かつ重要分野を補強する時期」と位置づけています。有意義な夏休みを送るために、ぜひ夏休み前にしていただきたいこと――それは「弱点の洗い出し」です。

では、どういうふうに弱点を洗い出していくか。

まず、分野別に7つのファイルを用意してください。必要なものは次のとおりです。

・正答率ののっているテスト（現学年のもののみ）
・ファイル（7つ）
・ルーズリーフ
・はさみとのり

中学受験の算数は、次の7分野に分かれます。

①数の性質
②割合
③速さ
④平面図形
⑤立体図形
⑥場合の数
⑦特殊算

テストや模試で、正答率70％以上の問題でまちがえたものにチェックを入れましょう。難関校以上を目指している人は正答率50％以上を目安にします。

チェックした問題と解答を切りとって、ルーズリーフの表に問題、裏に解答を貼り、分野別ファイルにはさんでいきます。すると、どの分野が苦手なのかが一目瞭然となります。コピーしたり切ったり貼ったりする作業は、お仕事をされている親御さんは大変かと思いますが、この「洗い出し」は非常に重要です。
この中で、夏休みに解くファイルを1、2冊、子どもと話し合って決めましょう。
ただし、5、6年生に関しては、「②割合」と「③速さ」が苦手な場合、この2つを優先させましょう。

夏期講習は、塾の理想的なカリキュラム

以上の「弱点の洗い出し」をしても、「塾の夏期講習で手いっぱい！」と悲鳴を上げている方もいるかもしれませんね。

私も塾講師時代は、「夏期講習は必ずとってください」と伝えていました。ところが一歩家庭に入ると、子どもが取り組むべき課題が目白押しです。

例えば、「7月中に速さと図形をなんとかしよう」とスケジュールを立てても、塾では志望校ではほとんど出ないN進法の授業をしていたりします。

そもそも夏期講習とは、塾の理想的なカリキュラムです。子ども1人ひとりに合わせたカリキュラムではありません。場合によっては夏期講習をとらないという選択肢もあるでしょう。

ではここに、夏期講習をとることのメリット・デメリットを挙げておきます。

メリット

・まんべんなくおさらいできる
・規則正しい生活ができる
・夏期講習に通いきったという自信になる

デメリット

・学習量が多く、理解が追いつかない
・必要のない分野に時間をとられ、弱点強化の時間がとれない

夏期講習に通うことで心身共に親子の「風通し」はよくなりますが、「まんべんなくおさらい」が功を奏するのは「まんべんなく基礎力がついている子」のみ。夏休みは前述した「弱点かつ重要分野」に力を入れ、他の分野は流してかまいません。

夏休みをいかに有意義に過ごすかは、各ご家庭で戦略的に考え、判断してください。

もう1つ、メンタル面について付け加えておくと、夏のスケジュールを立てるときは「お手伝い」という項目を1つ入れてください。お手伝いは、子どもの自己肯定感を高めます。メンタルが安定した状態で勉強に取り組むことが、学力アップの近道なのですから。

2章

なぜ、うちの子は勉強しないの!?
「子どものやる気・集中力」という悩み

子どもがやる気を発揮するのは「好きなこと」だけ

ダラダラしてやる気がないように見える。

勉強にとりかかるまでに時間がかかる。

机に向かっても、すぐに集中力を切らして遊び始めてしまう。


しょっちゅう、このようなお母さん、お父さんの声が私のもとに届きます。一部の「成熟度の高い子ども」をのぞいて、この悩みを持たない親は皆無といってもいいでしょう。

「やる気がない」といいますが、やる気のある・なしは本来、親が判断することではありません。「理想の受験生像」を夢見ているだけのこと。

実際、お子さんがダラダラしているのであれば、やる気はあまりないのでしょう。その姿を見て即、雷を落としたい気持ちはよくわかります。でも、ここでいったん深呼吸して、原点に立ち返ってみてください。

そもそも、「受験したい」と言いだしたのはお子さんですか？

あるいは、本人が「受験したい」と言っても、そのように誘導したのは親ではありませんでしたか？　さらには本人に「受験したい」という強い意思があっても、それが行動につながるかどうかは別問題です。「勉強」は、知的欲求がありゲーム感覚で楽しめる子でない限り、やはりつらいものです。子どもがやる気と集中力を発揮するのは、好きなことだけです。

その大前提にのっとったうえで、**机に向かっているだけでもほめてあげてください**。

頭ではわかっていても行動に移すのが難しいのは大人とて同じ。たかだか11歳、12歳の子どもならばなおさらです。

ちょっとした心配ごとで、やる気は低下する

やる気には波があります。

塾で新学年が始まった頃、子どもたちはやる気があるように見えます。「受験の天王山」といわれる6年生の夏休みに入った頃も、「やるぞ！」という雰囲気が見てとれます。

ところが、やる気はなかなか持続しません。

体力・気力不足もやる気低下の原因になります。

特に6年生の秋は、模試や学校行事が重なり、親のやる気とは裏腹に、子どものやる気は停滞気味。友達や家族との関係、学校での心配ごとも、やる気を低下させます。

テスト結果によっても、やる気はアップダウンします。

私が家庭教師をしていたアンナちゃんは、お母さんも非常に熱心でずっと勉強を教えており、算数、国語はプロ家庭教師をつけるという徹底ぶりです。そのため、アンナちゃんは「大人が何とかしてくれる」「私は勉強してあげている」という姿勢に傾いてきました。

そこで、私は模試の数日前にお母さんに次のようなメールをしました。

「最近、アンナちゃんは勉強に対する謙虚さがなくなり、ダレていますよね。今回の模試はあえて喝《かつ》を入れたりせず、このまま送り出しましょう。おそらく散々な結果になると思いますが、今の取り組み姿勢ではダメだと認識してもらうには、底を知っておくことも大切です」

人間、いつもいつも調子がいいということはまずありません。入試まで半年以上あったので、「これはショック療法です」とあらかじめテスト結果に対する心構えをしてもらう目的でメールをしたのですが、いざ模試の結果が出ると、「先生どうしましょう……」と

成績とやる気が伸び続ける子はいない！

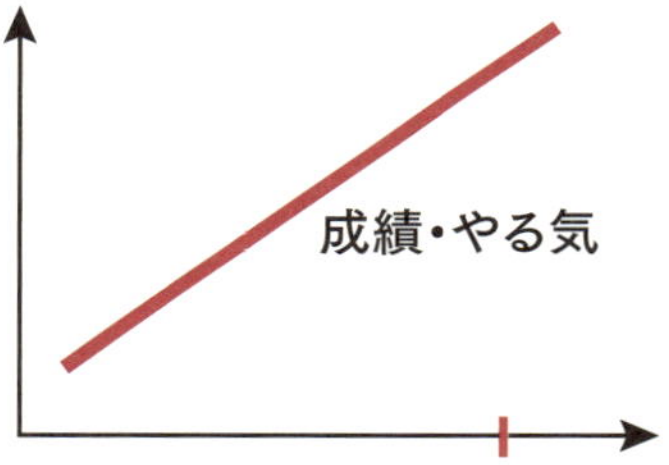

＼親の理想／

成績が
伸び続ける子

＼親の理想／

やる気が
どんどん
上昇してくる子

こんな子はいません！

現実はこちらです

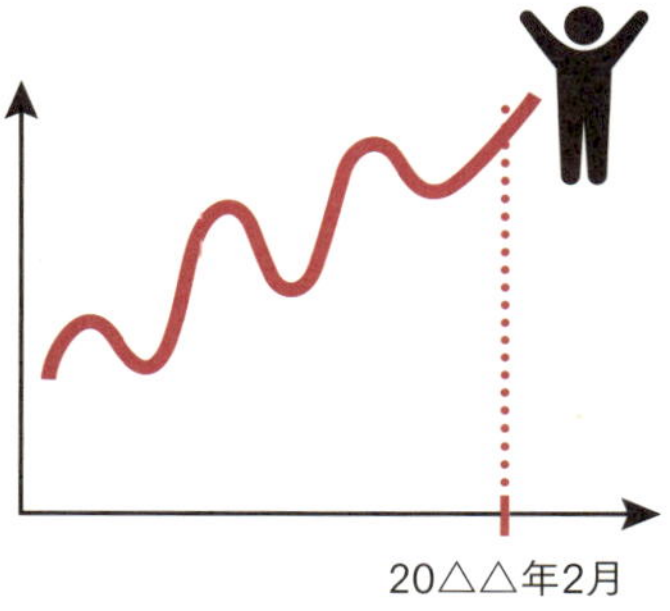

＼現実／

最後にピークを迎えられればヨシ！

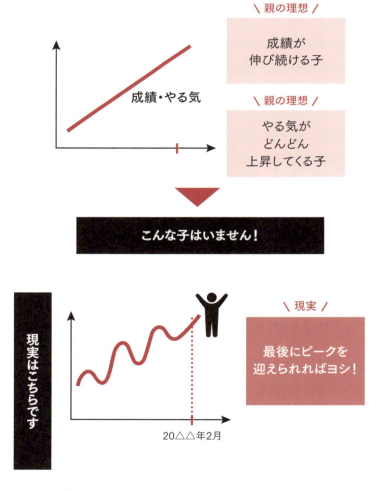

パニックになった長文メールがお母さんから届きました。

みなさん、頭ではわかっていても、やはり悪い点数を見ると穏やかでいられなくなり、子どもを責めてしまいます。「頭でわかっていても行動に移せない」のは、中学受験生も同じです。

本気と覚悟が出るのは、受験シーズンになってから？

うちの子はいつになったら、受験に対する本気や覚悟が出てくるのだろう――そう思ってジリジリしている親も少なくないでしょう。

やる気と同じく、親が期待するような本気や覚悟など、小学生に簡単に出てくるものではありません。むしろ、出てこないのがあたりまえと思っておくほうが現実的です。

6年生になると、ときどきピコピコと本気が顔を出すこともあります。「うちの子、やっとスイッチが入った！」と喜んだのも束の間、1週間でスイッチが切れる……悲しいかな、そんなものです。

ところでみなさんは、ご自身が勉強で本気になったことを覚えていますか。

そして、その期間はどの程度持続されましたか？　ちなみに私が「本気で勉強したなぁ」と覚えているのは高校受験を控えた中学3年生の秋以降です。

「私はいつも本気でやっていた」という方もいるかもしれませんが、それはおそらく勉強好きの人か、優等生がさらに記憶を美化しているケース。「この際、自分のことは棚に上げてます」という方も多いのではないでしょうか。

人間、本気で勉強をする期間は何年も持続しませんし、ゴールが見えるからこそ、がんばれるものです。だからこそ、4年生、5年生のうちから、どうかお子さんをあまり追い込まないでください。

4、5年生のうちは「泳がせる」ことも必要

初めて中学受験をする親は、4年生のうちに「できる状態」に持っていかないと、5、6年生になったら追いつけないという恐怖心があります。

たしかに、それも一理ありますし、成熟度や学力の高い子どもは「管理」「詰め込み」が功をなす例もあります。実際、最難関中学に合格していくなかには、こういったご家庭もあります。

しかし、中学受験に取り組む8割以上の子どもがそのような例には当てはまりません。

「いやいや勉強している」子にムリやり詰め込むと、6年生になって伸びきってしまった

り、手のつけられない反抗期が始まって親子関係が最悪になることがあります。

だからこそ、4、5年生のうちは「泳がせる」ことも必要なのです。

最後に走りきれる「馬力」を残しておく

では、「泳がせる」とは、どういうことでしょうか。

具体的には、「すべての問題を完璧にしようとしない」ということです。

ガンガン勉強させるおうちは、塾のテキストを100%に仕上げようとしますが、テキストには、4年生では理解できない応用問題（なかには難関校の入試問題も）もたくさんあります。しかし、一番大切なのは「勉強を嫌いにならない」「拒絶反応を持たない」ようにすることです。


私が指導に入っている4年生の男の子は、塾で習ってきた内容の習得率も2～3割程度で、集中力も最大30分ほどしか持続しません。まだまだ成熟度が低いですが、我は強いという、親としては扱いにくいタイプです。

今、この子にムリやり勉強を詰め込むと勉強嫌いになるのは明白なので、基礎のなかでも譲れない部分のみ、指導しています。たとえ応用問題まで詰め込んでも、理解がおぼつかず、さらに翌週にはきれいさっぱり忘れているのもわかっているからです。

どのみち5、6年生で同じ分野が出てきます。**4年生のときにまったく理解できなかったことが、5年生になってスッと理解できることもたくさんあります。**

その部分を飛ばし、あえて子どもの頭の中に「余白」を残しているのです。

また勉強オンリーで接することはせず、学校の話題を振ったり、別のことに興味を持つように話をしたりしています。

わかりやすくたとえるなら、競馬の馬と同じですね。一周目はあえて泳がせておいて、最後で全力で走れるように鞭を打つ。馬に走りたいという気持ちがあっても、最後に実力を発揮するためにセーブして走らせないのです。

中学受験は4年生から始めると3年プロジェクトです。余力を残しておかないと、最後の馬力が効かない子になってしまいます。

自分が熱くなりすぎているなあと思う親御さんは、ぜひ次のような「泳がせ方」を意識してください。

・すべてを完璧にしようとしない
・何でもかんでも手出しをしない
・数分でいいので、自分で勉強する習慣をつけさせる（日々の計算や漢字など）
・塾の先生にわからないことを聞きに行けるようにする
・勉強以外の時間、遊びの時間を意識してつくる

6年生のいつからお尻を叩けばよいのか

6年生の夏休み以降になると、立て続けに模試があり、毎週のように偏差値、合格可能性が数字で突きつけられます。こうなると6年生も不安を感じ始めるのですが、焦りまでには結びつきません。6年生が焦り始めるのは、入試がさしせまっても思うように過去問の点数がとれない本番1～2か月前です。

不安と焦りを抱えており、かつ宿題や過去問に取り組めている子にお尻を叩く必要はありません。課題量が増えてもバリバリこなしていきますが、息が詰まってしまうことがあるので、無駄な勉強は間引いてあげましょう。

一方、**難しいのが不安も焦りも抱えておらず、過去問も他人事のように適当に解く子。**

完全に伸びきっているか、中学受験自体にモチベーションを見出せず、親の言うままに他人事として取り組んでいるという状態です。

しかし、ここまで時間をかけて勉強をしてきたので、親の力で引っ張って、何かしら合格という形を残してあげたいものです。

結論からいえば、**本気でお尻を叩く時期は6年生の秋**。

入試までのカウントダウンカレンダーを作り、あの手この手で少しでも点数を積めるよう働きかけましょう。

残念ながら、最後までスイッチの入らないまま入試を終える子も少数ながらいます。

これは本人不在で、完全に親だけが先走っているケース。そうならないために、中学受験に対する気持ちのベクトルを親子でできるだけ一致させましょう。

「子どもの成熟度」が、カギを握る

中学受験は「成熟度」が大きなカギを握ります。

子どもの「成熟度」によって、親の声がけ、接し方は変わってきます。

私は成熟度の高・中・低を、自制心がどのくらいあるかで判断します。「あっ、うちの子だわ」と思う例から判定してください（92ページ参照）。

成熟度の高い子は、「大人のやりとり」ができる子

成熟度が高い子は、いわゆる「大人」です。「勉強しなさい」と声をかければ、勉強できる子です。

勉強好きなタイプはもちろんですが、勉強好きでなくても「やらなきゃいけない」とわかっているため、自分を律して勉強することができます。

こういう子は私が授業に行くと、テキストの準備ができています。

「今週、塾の勉強どうだった？」と聞くと、「この問題がわからなかったんです」とスムーズなやりとりができます。また、語彙が豊富で的確な表現をします。「自分でスケジュールを立ててごらん」と言うと、立てることができます。

成熟度が中くらいの子は、いわゆる普通の小学生。「勉強しなきゃいけない」とはわかっていて、言われたことはやります。私が授業に行くと、とりあえず机の前に座っていますが、基本的に受け身です。

「今週どうだった？」「よくわからなかった」「どれがわからなかったの？」「うーん」「これはどう？」と、私が1つひとつ聞いていく必要があります。語彙は小学校

成熟度判定表

成熟度	高	中	低
特徴	主体的 理性的 抽象的	受動的 感情的 具象的	本能的 感情的 具象的（一部）
具体例	●自分を律して勉強することができる ●語彙が豊富で「大人のやりとり」ができる ●少数派	●言われたことはやる ●授業態度は受け身 ●語彙は小学生の平均レベル ●一般的な小学生	●好きなことはやるが、やらせようとすると反抗する ●授業に集中せず、話が脱線しやすい ●一般的な小学生

の教科書レベルで、時にごく基本的な言葉を知らないこともあります。

「うちの子、幼いなあ」と親が感じる子は、成熟度が低い子です。こういう子は、やりたくないことはやらないし、やらせようとすると反発します。

私が授業に行くと、机の前に座っていません。「やるよー」と声をかけても来ないので、「先生が呼んでいるでしょ！」と親がキレ、「今、行くって言ってんじゃん」と子どもが応酬する。

テキストの準備も整っていません。「テキストとっておいで」「どこにあるかわからない」「塾のかばんの中に入っているんじゃないの」といったやりとりになります。勉強の話をしていても、すぐに脱線するため、引き戻すのが大変です。

成熟度が高くなくても、素直な子は伸びる

まちがえたところを指摘したらポロポロと泣く6年生のミサキちゃん。少し幼い印象はありますが、根っこはまじめで素直です。

こうしたまじめで素直な子は、たとえ成熟度が低くても必ず成績は伸びてくるので、最後まで信じてあげてください。塾に通いつづけ、家でもコツコツ勉強をしていたら、6年生の秋、**「うちの子、昔を思い返すと別人みたい」**と思えるようになります。

逆に、素直さ、まじめさがない子は、なかなか成果が出ません。

例えば、いつも反抗的な態度ばかりとっている子。小学校の先生から「集中力がない」「隣の子の邪魔ばかりする」と指摘されている子。学校でたびたび問題を起こし、先生から電話がかかってくる子。

こういう子は、親の愛情を引きたくてそんな行動をとっていることも考えられます。親

の興味が自分より中学受験に向かっていることにさびしさを感じています。勉強以前に、親御さんは子ども自身を認めてあげることが先です。

「幼くてかわいい」のは、もうあと少しだけ

子どもの成熟度は身長と同じで、成長曲線には個人差があります。

小学校高学年はその差がもっとも大きくなり、15歳くらいでほぼ横並びになります。概して、女の子より男の子のほうが成熟度は低いもの。発達段階としてあたりまえのことであり、それが小学生です。

みなさん、「息子がもう幼くて……」と嘆かれますが、逆にいえば、そんなにかわいいのは今だけ。どんどん大人になっていきます。それとも、明日の朝、目覚めたら理路整然と親を論破するような子どもになってほしいですか。

勉強面ではそうなってほしいけど、普段の生活ではそうなってほしくない？

それはさすがに勝手ですね（笑）。勉強ではイライラすることも多いでしょうが、「ママ、大好き！」とギューッとしてくれるわが子が一番です。これが本音でもあるのではないでしょうか。

やる気を引き出すには、「目標は小さく具体的に」

子どものやる気を引き出すためには、具体的かつ小さな目標が必要です。

「○○中学合格！」では、子どもにとって目標が漠然としていて、やる気は出てきません。

それよりもテストで、

「この『濃度』の分野だけでも点数をきっちりとれるようにしよう」

「**せめて1の計算だけは満点を狙おうね**」

と示したほうが効果的です。

「時間配分を考えて、とりあえず最後まで見られるようにしようね」

と点数以外の目標でもいいです。

「次のテストでクラスを上がろうね」を目標にしている人も多いかもしれませんが、じつはこの目標も漠然としています。クラスアップは大きなモチベーションですが、「次、上がろうね」では上がれません。そのために何をするかを示しましょう。

「この分野をいつもより30分長めに勉強しようか」

「いつも1回だったけど、苦手なところは2回ずつ解いてテストに臨もうか」

と、なるべく細かく設定してください。

目標を立てたら、フォローすることが大事

家庭学習でも同じです。

「5時から6時までは国語。80ページから85ページをやろうね」

と、具体的な範囲を示し、時間も区切りましょう。

授業や小テストでがんばると、シールをもらえる塾もあります。その場合は、

「今日はクラスで一番多くシールをもらおうね」

と言って塾に送り出してもいいでしょう。そこで終わらず、帰宅した子どもに「どうだった？」と聞いてみる。

「先生、全然シールくれなかった」とがっかりしていたら、「どうがんばったの？」「こうやってがんばったのに……」「じゃあ、ママがシールあげる」とフォローしてあげる。

すると、子どもは俄然やる気になります。

成熟度の高い子も「身が入らない」ことがある

成熟度の高い子で、やる気や集中力が低下しているなあと感じるときは、理由は明白です。体力・気力不足、もしくは悩みごとがあるときです。

体力の源となるのが睡眠です。21時過ぎまで塾通いをし、帰宅してから夕食、入浴、さらに塾の復習をして寝る子もいます。

ときどき「合格体験記」には、驚くようなショートスリーパーの子どもが登場し、読む親たちの心を揺さぶりますが、睡眠時間をほかの子どもと比べてはいけません。睡眠不足がたまって疲れているようだと感じたら、「今日は勉強より寝ることを優先しよう」と促してあげましょう。たっぷり寝てすっきりした頭のほうが勉強効率が断然上がります。

中学受験は、メンタルと学力が五分五分

また、やる気低下には子どものメンタルが大きく影響します。

私は常々、「**中学受験はメンタルと学力が五分五分**」とお話ししています。心配ごとで頭が占められていると、勉強のパフォーマンスはガクンと落ちます。

友達ともめたり、両親がケンカしたり、クラスが学級崩壊気味になっていたり、日々いろいろな出来事が起こります。思春期でホルモンバランスも安定しません。

そんなときは何より、子どもを責めないことが肝心です。そして、

「最近ちょっとやる気ないみたいだけど、やることだけやろうね」

と、最低限すべきことを淡々とこなせるようにしましょう。

学校行事、家族旅行などで2、3日普段と異なる生活が続いたときも、ペースを崩すことがあります。勉強に身が入らなくなる、あるいは勉強していても思うように点数がとれなくなる——この場合も淡々と日々の課題に取り組ませ、数日～数週間かけてペースを戻していきましょう。教え子のセイジくんは、6年生の11月に身内に不幸があり、2日間学校を休んで田舎に帰りました。成熟度が高い子でしたが、疲れも相まってペースを崩し、取り戻すのに1か月かかりました。

大切なのは、ペースを崩しても焦らずに体制を立て直すこと。日数がかかっても入試本番にピークを持ってくれれば大丈夫です。

成熟度の低い子には、「よーい、ドン！」が効く

私が教えているアツシくんは、成熟度が低く、勉強に興味がないようですが、大好きな虫を1日中追いかけ、緻密な虫の絵を描いています。要するに、「勉強ができない＝頭が悪い」のではなく、勉強に向き合うにはまだ幼いのです。

そんなアツシくんに対してお母さんは、

「ママはあなたのことを信頼しているからね。ちゃんとやればできることをわかっているからね」

と口癖のように言っていますが、アツシくんにはまったく響いていません。**「信頼している」「自主性にまかせる」というフレーズが心に響くのは、成熟度の高い子だけです。**

成熟度の低い子のやる気を引き出すには、同じ目線に下りてあげることがポイント。

「一緒に計算問題やろうか！　ママとどっちが先にできるか、よーい、ドン！」

そしてわざと負けてあげ、

「すごいじゃない！」

とほめ、もし満点だったら、

「やったー！」とハイタッチをして一緒に喜んであげます。

成熟度の高い子に「よーい、ドン」をすると、

「はぁ？」

と言われたり、わざと負けると、

「バカにするな。ママは手を抜くからヤダ」

と見破られたりしてしまいます。

そういう意味で、**成熟度の低い子は、勉強に関しては「小さな子ども」のように扱ってあげましょう。**

「こんなことでこんなに喜ぶんだ」と、親としてはガックリしたり喜んだりとなりますが、無邪気な様子を見せてくれるのも成熟度が低い子ならではです。

奮起しない子は、親が代わりに悔しがる

テストの点数が下がったときこそ、子どもにはやる気を上げてほしいもの。悔しさが行動に表れないと、親としても歯がゆいところです。

たしかに、負けず嫌いな子は伸びるとよくいわれますが、点数が下がったとき、どんな反応をするかは子どもの性格次第。悔しがったり奮起したりしていないのを「もっと悔しがってほしい」というのは、勝手な親目線です。

悔しがってはいなくても、子どもはショックを受けているし、落ち込んでいます。

まず、そんな子どもの気持ちをフォローしてあげてください。「悔しい」「次、がんばる」といったポジティブな言葉が出てくるのは、その次の段階です。

「うちの子、悔しがりもしないし、奮起もしない」と嘆いている親御さんは、ご自身が「がんばり屋さん」なのでしょう。ならば、代わりに親が悔しがってあげることです。

悔しがり方も、子どもの目線になることがポイントです。

「**この点数、悔しいよね**」

「**よくがんばってたのに、悔しかったね**」

と子どもの側に立って悔しがる。すると、何とも思わなくても、

「この点数だとママは悔しいかな」

と想像するようになってきます。

本来勉強は自分のためにするものですが、中学受験生は親の喜ぶ顔を見て、「自己肯定感」を満たす面があるのは否めません。

「ほら、だからあのとき、このページもやっておきなさいって言ったじゃない！」

と責めながら悔しがるのはダメ。

がんばったことにめいっぱい注目し、肯定してあげてください。

苦手な分野より「まあまあ好きな分野」から手をつける

私がカウンセリングに入るのは算数が苦手なお子さんですが、まず最初に好きな科目を順に言ってもらいます。

「えっと、国語、社会、理科、算数」

「ふーん、算数嫌いなんだ。なんで？」

「わかんないから」

次に、算数の７つの分野を挙げて、聞いていきます。

先にも記しましたが、算数の７つの分野とは、

①数の性質

②割合

③速さ

④平面図形
⑤立体図形
⑥場合の数
⑦特殊算

です。このなかで、「どの分野がまだマシ？　どの分野が嫌い？」と1つひとつ聞いていきます。


「速さと図形はマシだけど、割合と場合の数は嫌い」

「へぇ、速さは大丈夫なんだ。じゃあ、どのくらいできるかやってみてよ」

と簡単な問題を解かせます。

「解けるじゃない！　一体どこが算数が苦手なんだか（笑）」

「速さがこれだけ解けるっていうことは他の分野もすぐになんとかなるよ」

とほめると、子どもはやる気を出してきます。


親は、苦手な分野がわかると、ついそこからやらせようとしますが、**手をつけるのは、「好きな分野」「まあまあ好きな分野」から。**

ちょっとでも好きな気持ちを持っていないと、子どもは動けません。

過去問についても同じです。重い腰を上げたがらないと思ったら、お子さんに選ばせてあげてください。

「A校とB校とC校だったら、どの学校のをやる?」

「どの科目だったら、やる気になる?」

そうすると、「じゃあ、C校の算数と理科をやる!」と選びます。自分が選んだ、という事実が前向きになるための第一歩です。

暗記ものは、親子でクイズ合戦

中学受験には、暗記が必要なものがたくさんあります。家で勉強するには、1問1答形式で親子一緒に楽しく学ぶのが近道です。

「どっちが点数をとれるか、競争しよう」

と対戦してもいいですね。

お子さんのほうから、「クイズしよう」と誘ってきたら、チャンスです。

子どもは親と一緒に勉強したいのです。

答えられる自分を親に見せて、ほめられたいのです。

とある受験生は、

「いつも勉強しろと言うくせに、僕が一緒に理科を勉強しようと言うと『あとでね』と返ってくる。お母さんは勝手だ！」

と作文に書いていました。子どもはいつでもどこでも、つねに親に向き合ってほしいのです。お母さん、お父さんも忙しいでしょうが、めずらしく勉強を持ちかけてきたら、最優先してあげてください。

嫌いな教科を「好き」にさせるコツがある

子どもは「好きなこと」にはやる気・集中力を発揮すると先ほどお話ししました。

ならば、勉強を「好きなこと」にさせてしまうのが一番！

それは可能なのでしょうか。

理科や社会は、家庭の力でなんとか「好き」に持っていくことは可能だと思います。

理科なら「ダーウィンが来た！」、社会なら「歴史秘話ヒストリア」などテレビ番組で興味を持たせるのもいいでしょう。

ただ漫然と番組を見るだけではなく、「あっ、この間新幹線で通った駅が出ているよ」「ほんとだー」と連想を広げていく。見たあとは、「どう思った？」「どこが印象に残った？」と内容をまとめさせる。

このように実体験・生活と結びつけていかないと、理科や社会のテキストが無味乾燥な単語の羅列で終わってしまいます。

「算数は苦手」と思い込んでいるだけのケースも

どの科目であれ、苦手単元は「解けた！」という快感があり、それが点数に結びついて自信を持つ――この繰り返しを細かく積み上げていきます。

ただ、必要以上に「自分は算数が苦手」と思い込んでいるケースもあります。

私はカウンセリングにうかがうと、まず簡単な問題を解いてもらいます。そこで、**「算数、けっこうできるじゃん。図形のセンスがあるね。いけるよ、いける！」**とほめると、その子はまんざらでもないという表情になります。苦手だと思ってやる気にも理解力にもフタをしていたのでしょう。「意外といける」と思うだけでやる気が湧いてきます。

ちなみに図形はセンスではありません。ただしほめるときは何でもアリです。

また、親のほうが「うちの子、算数が苦手」と思い込んでいるケースもあります。

本当に算数ができない子もたしかにいますが、実は親が思い込んでいるだけで、「この子、ポテンシャルが高い」と思う子もけっこういるのです。

「たしかに点はとれていないですが、今この学年でここまでつき詰めて考えられているということは、演習量が足りないだけですよ」

「解き方を知らないだけです。教えたらすぐできるようになりますよ。算数は得意なはずです」

そう親御さんに話し、具体的にアドバイスすると、子どもの成績も上がってきます。

「単にほめる」のではなく「具体的にほめる」、これが大切です。

親が子どもをほめてもいいですし、塾の先生に頼んでもいいですから、苦手と思っている教科こそ、少しでもできる部分を見つけてぜひほめてあげてください。

中学受験を走り切るための「学習体力」とは

先日、弊社の指導部長があるおうちにカウンセリングに入り、こんなレポートを送ってきました。

「6年生のマサルくんは、よくできる頭のいい子ですが、いかんせん集中力が持ちません。学習体力がないようです。今までの演習量と家庭学習時間が少なすぎます」

受験勉強において、「学習体力」はとても大事です。

学習体力とは勉強のために机に長時間、座り続け、頭を使い続けることです。ジョギングと同じですね。普段から走っていたら、いいタイムでなくても、なんとか走りきることはできます。一方、突然思い立って走り始めると、すぐに息切れしてしまって走り続けることができません。

私の教え子にも、6年生の9月から受験勉強を始めた子がいました。時期が時期ですから、通常2時間授業を週1回のところ、3時間授業を週2回で思いきり詰め込むカリキュラムを組んだものの、やはり体力が持ちません。ずっと座っている経験もないので、「お尻が痛い」などと言い出します。

しかし、入試直前の1月になってようやく持続して勉強できるようになりました。

4年生から通塾している子は、学習密度はどうであれ、2時間くらいは勉強のために机に向かっていられます。塾に通っているだけで、2〜3時間、模試になると4時間近く座っているわけですから、学習体力は自然とついているのです。

「モノで釣る」とがんばれない子になる⁉

「○点とったら○○を買ってあげる」ということは、個人的にはオススメしません。
その理由は2つあります。

1つ目は、結果で評価されてしまうと、やる気も自信もうばう可能性があるから。
2つ目は、ご褒美がないと動かなくなってしまうから。

がんばっているプロセスに注目することなく、目標点をとったらほめられる、目標点に及ばなかったらほめられないとなると、子どもは「よい点数をとることだけが自分の価値なんだ」と思いがちになります。
結果を出そうとするあまり、カンニングをしてでも点数を稼ぎたくなるのは必然ですし、実際親は「いい結果」を見て喜んでしまいます。

一方、よい点数がとれないと「自分には価値がないんだ」と自己肯定感が低下します。しかし、先にも記しましたが入試に限らず、生きていくうえで「自己肯定感」は何よりも優先されねばなりません。

モノをもらうことがうれしいときもありますが、どんなことがあっても絶対的な味方であり応援者がいると思えることが、大きな勇気や自信になります。

モノよりも「あなただったら絶対だいじょうぶ」「あなたががんばっていること自体がとてもうれしい」というあたたかいメッセージがきちんと伝わっていれば、子どもはがんばれる。そういうケースをたくさん見てきました。

「ご褒美制」を解禁していい時期とは

ただし、モノで釣ることが効果を上げる時期もあります。

それは、**6年生の秋以降、本番に向かって仕上げていかねばならないときです。**

まだスイッチの入らないナオミちゃんは、毎日の日課になっていた計算演習の取り組み方もやっつけ仕事的で、100点満点中40点や50点を連発していました。

第一志望校は最低8割以上をとらないと合格できない難関校で、いかにミスを減らすかがカギとなります。

「100点をとって何かご褒美がもらえるとしたら、何がいい?」と聞いてみると「お金!」と即答。その話にのったお母さんから、100点をとると100円をもらえることになりました。

すると、翌日からなんと100点を連発。

もちろん、もらったお金は貯金箱に貯めていくのですが、「チャリン」という音がモチベーションアップになったようです。本当にわかりやすいですね(笑)。

「合格体験記」の活用術

6年生の夏休み、あるお母さんがこう嘆かれていました。

「うちの息子、合格体験記ばかり読んでいるんです。逆転合格の話が好きみたいです。読んでいるヒマがあるなら勉強しろって話なんですけど……」

合格体験記を読むこと自体は悪いことではありません。

そのサクセスストーリーに自分を重ね合わせているのでしょう。

また、読むことが好きということも受験勉強にはプラスです。だからといって合格体験記を読んでいるだけでは成績は上がりませんよね。

こういうとき逆に、

「**もし自分が受かったら、どんな体験記を書く？**」

と話し合ってみるのはいかがでしょうか。

ポイントは、「受験に合格して楽しい学校生活を送っている自分」というセルフイメージで書いてみること。

小6の子になりきって質問し、合格した中学1年生の「私」が、インタビューを受けている設定もオススメです。

「受験勉強で行きづまったとき、どうやって乗り越えたんですか?」

「5年のテキストに戻ってやり直しました」

「苦手分野はどう克服したんですか?」

「覚えられないところは、苦手ノートを何度も見返したんだよ」

あるいは、合格した中学1年生の「私」が、今の「私」に対して、どんなアドバイスをするか考えさせてみましょう。

「今は苦しいかもしれないけど、がんばれば絶対いいことあるよ!」

こんなストーリーを完成させていくことで、

「じゃあ、それ今からやってみよう」

と具体的な行動につなげていく。勉強に対してもイメージを持つことは大切です。合格体験記はそういう使い方もできます。

「信頼している大人」のひと言で子どもは変わる

子どもがやる気や自信を失っているときは、子どもが信頼している第三者に協力してもらうのが有効です。

「何かうちの子に励ましの言葉をかけてやってください」と頼んでもいいでしょう。塾と親の連係プレーです。

私も自分の子に対して、ときどきピアノの先生に先回りしてお願いしています。

「今週、先生がおっしゃったのとはちがう練習ばかりしていたようで……。ただこれが好きで練習しているみたいなので、とりあえずそこだけはほめてもらっていいですか」

先生に評価してもらわないと、ピアノを練習しなくなってしまうからです。

勉強も同じで、誰に評価してもらうかがポイントです。例えば、中学受験を知らない親戚のおじさんに、

「こんな難しい問題、よくやってるなあ。おまえ賢いぞ！」

とほめられても、子どもはうれしくもなんともありません。

中学受験のことをわかっている大人、例えば塾の好きな先生から、

「がんばってるね」

とひと言もらうだけで、子どもは変わります。

また、「がんばってるな」という言葉もうれしいですが、さらに心に効く言葉がありま
す。それは、

「**○○くんはこの塾で、一番の大物になると思うよ**」

などのように、「きみだけは他の子とは違う」という特別感を持たせる言葉。授業が終わった後に、呼び出して、2人だけのときにこっそりと伝えてもらうようお願いしてみましょう。

このように自分を気にかけてもらうことは、大きな励ましになるのです。

特別収録❷

秋以降、苦手を克服する「まとめノート」の作り方

✚「まとめノート」で苦手が一目瞭然になる

6年生の夏休みが終わると、「模試の秋」となります。夏のがんばりが思うように出る子、まったく反映されない子といろいろいますが、私はこの時期特に、点数と偏差値は二の次、三の次で「問題用紙」と「答案用紙」を見ます。

大切なのは、子どもが各問題にどこまで食い込んでいるか。まちがえた問題をそれぞれじっくり見て、

・まったく歯が立たない
・考え方が根本的にまちがっている（基礎不足）
・計算ミス
・式を書かずに雑
・考え方、解き方は合っている
・時間不足

などを分析し、子どもの現時点での実力を見極めます。実力さえついていれば、点数としてアウトプットする方法を訓練すればよいだけとなります。

受験生にとって、夏休み前の点数やクラスは既に過去の産物。これらの結果は忘れて、現時点の実力と志望校との乖離《かいり》を埋めていきましょう。

「自分の言葉」で書くことがポイント

6年生の9月以降に有効になるのが「まとめノート」です。それ以前に作らせても、子どもはやらされ感があり、実のあるノートにはなりません。

ポイントは、次の内容を自分の言葉でまとめることです。

・重要なポイント
・よくミスする考え方
・覚えておかねばならないこと

指導者が「ここ、大切だから！」と強調しても、右から左に抜けている……というのが現実です。これは、完全に「受動の勉強」だからです。

しかし、「まとめノート」は自分の言葉で書いていくため、能動的にならざるを得ません。

入試を4～5か月先に控え、子どもにも危機感や切実感が出てきた頃が、「まとめノート」の作りどきです。

これらは、教え子たちに公開の許可を得たノートです。

❶ある女の子の「まとめノート」

塾で学んできた解き方はまちがってはいませんが、時間のかかる解き方の癖が抜けず、図への情報の書き込み方を徹底的に矯正しました（入試時間が無尽蔵にあれば我流の解き方でもいいのですが……）。

まとめノートを見て「ここが彼女なりのポイントなんだ！」と、私の目から鱗《うろこ》が落ちる部分もありました。

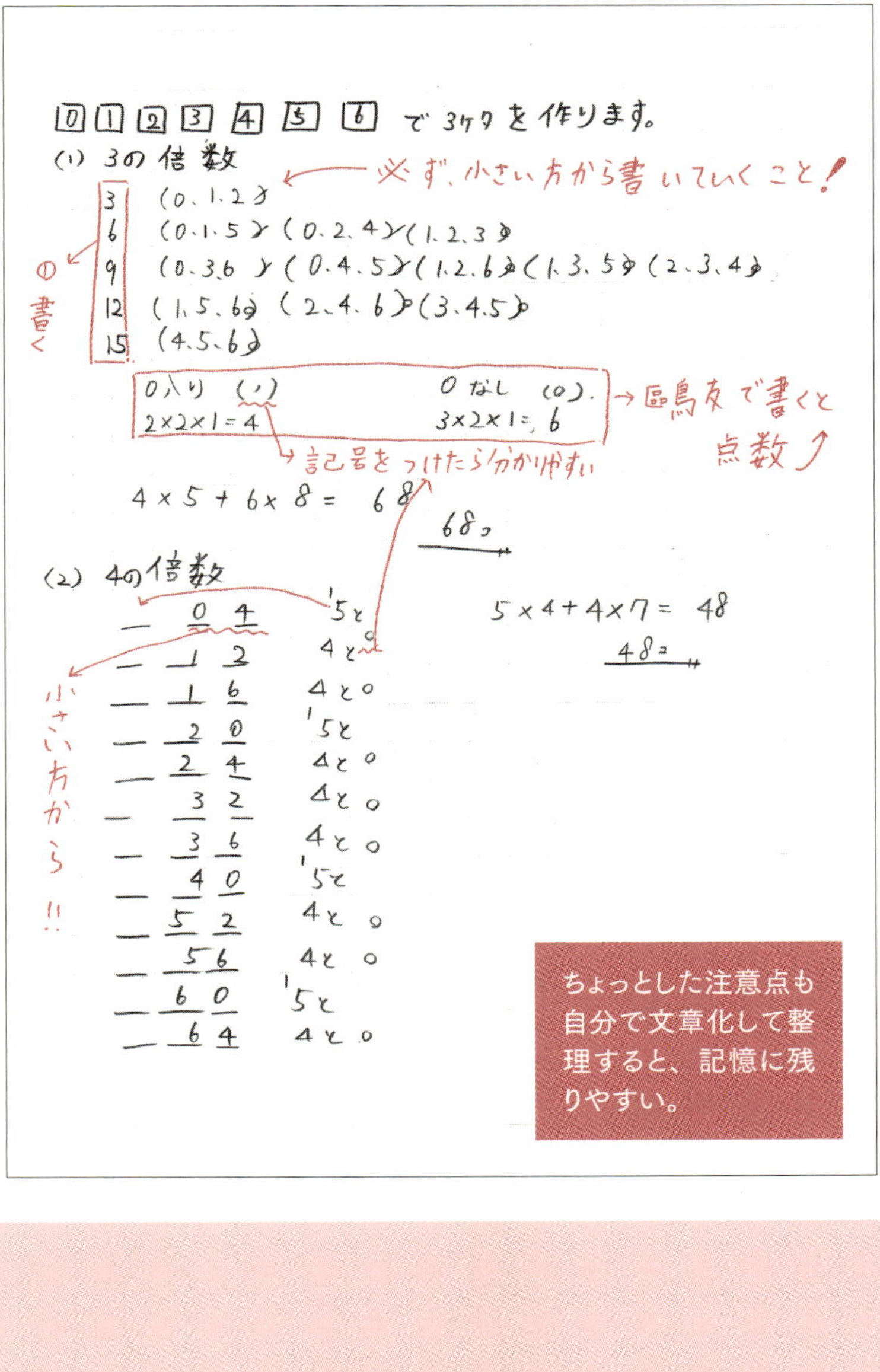

ちょっとした注意点も自分で文章化して整理すると、記憶に残りやすい。

❷ある男の子の「まとめノート」

どれほど口酸っぱく言っても式を書かず、字も大きくて汚く、解き方も独特の我流が続いていました。

我流の解き方は悪いことではありません。思考力のある証拠です。しかし、制限時間のある入試では短時間で正答させねばならず、みなが身につけているスマートな解法を習得するのは必要です。

そんな彼がまとめたノートがこちらです。

「罫線にそって字が書けてる!」「自分の言葉でまとめられてる!」と感激しました。受動的だった勉強がようやく能動的になった瞬間でした。

「まとめノート」は、本当に理解できていないと書くことができません。ぜひご家庭でも取り入れてみてください。

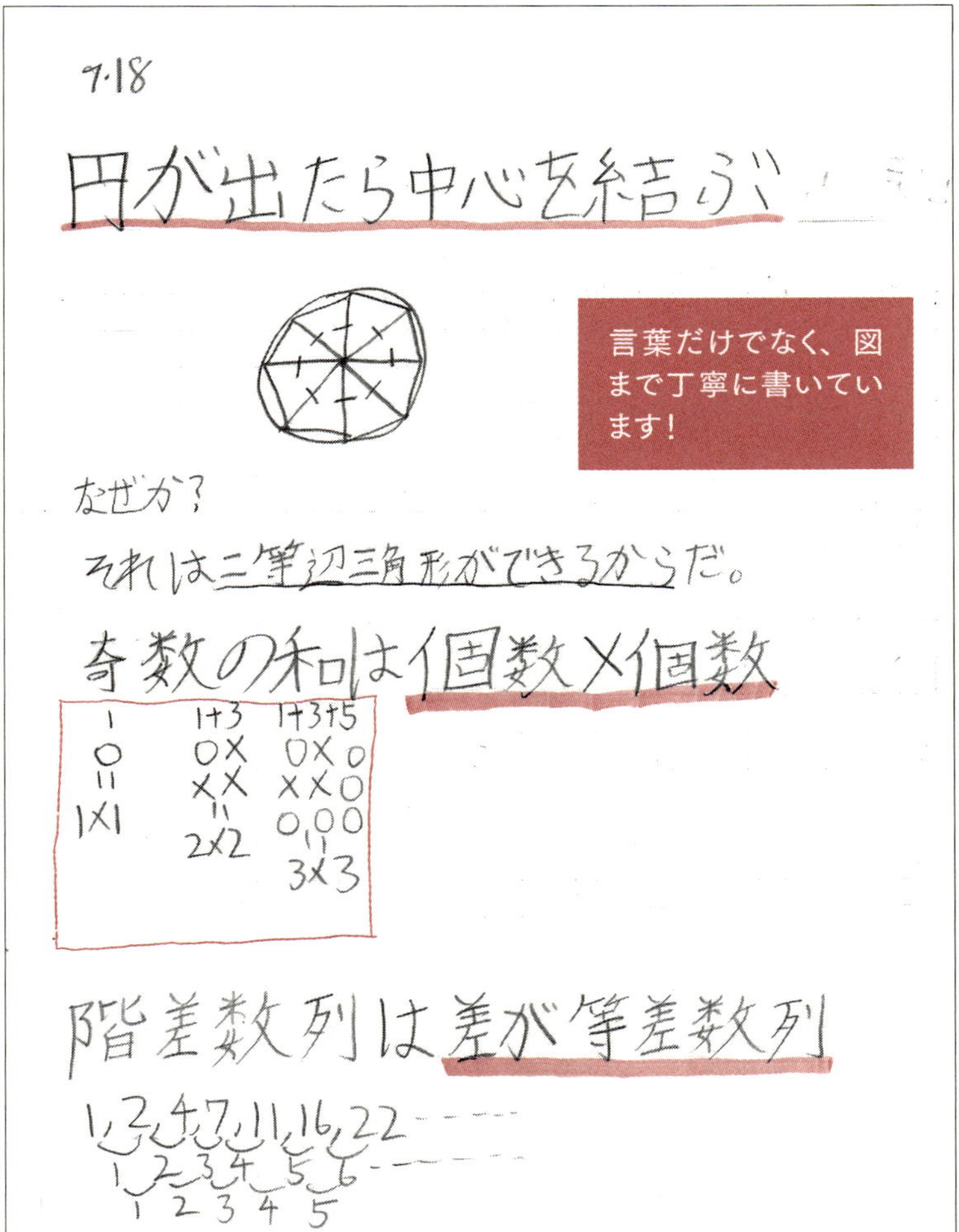
9.18
円が出たら中心を結ぶ
なぜか？
それは二等辺三角形ができるからだ。
奇数の和は個数×個数
1　1+3　1+3+5
1×1　2×2　3×3
階差数列は差が等差数列
1,2,4,7,11,16,22 ------
1,2,3,4,5,6 ------
1 2 3 4 5

言葉だけでなく、図まで丁寧に書いています！

3章

1点に一喜一憂
すべての受験親子は
感情の起伏が激しい
「親子バトル・親子関係」
という悩み

受験は、親子バトルを10倍に肥大させる

「もう塾やめなさい！」

「受験やめたら？」

「バッカじゃないの!?」

言ってはいけないとわかっていても、こんな言葉を投げつけてしまったこと、ありませんか。子どもを叱るというレベルを超えて、ただ自分のイライラを吐きだしたいだけになっているのではないか……というような言葉の数々。お母さんたちは、心の奥に自分でも知らない「オニ」を飼っていて、中学受験を機に扉が開いて出てしまうようです。


「勉強中、子どもが水をとりに行っただけで、イライラして怒ってしまった」

「私の独り言に子どもが『えっ？』って言ったら、いちいち反応してるんじゃないの！と怒ってしまった」

「子どもが勉強していても、鉛筆の持ち方とか姿勢とかが気になって、ひと言いわずにはいられない」

こう話すお母さんたち。お子さん、まったく悪くないですよね。

でも、**親だからこそ、中学受験期の子どもを前にすると冷静さを保てなくなってしまいます。**

小学校高学年は、受験がなくても難しい時期。どの家庭にもある不安、不満、親子のいさかいなどが、中学受験があることで10倍くらいに膨らんでしまいます。受験は「負の部分」の拡大鏡になりがちです。

一見やさしいお母さんも「オニ」を飼っている

私が開催するセミナーでは、比較的お母さんたちは冷静に話されます。少人数で開催している「中受カフェ」では、少し「生」の部分を出されます。そして一歩家庭に入ると、するっと皮を脱ぎ捨てます。

みなさん、外ではあまり感情を出さないようにされているようですが、子どもにこっそり聞くと、「ああ、やっぱり」ということも多くあります。

私が教えたなかで、どのようなテスト結果であってもとり乱したりしないお母さんが1人だけいました。

ユキちゃんは成熟度が高く、塾でも一番上のクラス。もちろん成績に波はありましたが、お母さんはどんと構え、「こういうときもあるよ。またがんばったらいいよ」といつも前向きに子どもをフォローされており、「なんてできたお母さんなんだろう」と思っていました。

大学生になったユキちゃんに会う機会があり、中学受験当時の話に花が咲きました。そこでふと、こう聞いてみたのです。

「お母さんに怒られたことなかったでしょ」

「いや、怒られてました」

「そうなの？　どういうときに怒ってた？」

「テストの点数が悪いときに怒ってました」

「えっ、そんなことあった⁉」

「はい。『なんでこんなに点数悪いの！』ってかなり怒られてました」

それを聞いて逆にホッとしました。これこそが中学受験の親の姿です。

感情的になってもいい。でもフォローしよう

イライラをぶつけてしまったあとに罪悪感や自己嫌悪を覚えているお母さんは非常に多く、「**寝顔にごめんねって謝ってます**」という声をよく聞きます。しかし、起きているときに本人に言わなければ伝わりません。

親も人間であって聖人君子ではないので、子どもに対してある程度感情をぶつけるのは仕方のない面もあります。しょっちゅうイライラをぶつけていると、子どもは耳に栓をして聞いていないこともありますが、ときどき言われたことがグサリと心に刺さり、その傷から涙を流します。

そんなとき、必ずフォローしてあげてください。

親はつい「自分はまちがったことは言っていない。子どもに謝るなんて癪《しゃく》だ」などと思ってしまいますが、前に進むために謝ることも大事です。

ハヤトくんはお母さんとケンカをしたとき、お母さんに謝ってもらうことで、一応納得し、気持ちを収めることができるといいます。「ごめんね」が親子の儀式となっているのです。

腹が立っているときは難しくとも、時間や日数をおいてでもいいので、

「ごめんね。あのときついカッとなってしまったの」

と素直に謝ってください。そして、

「あのときカッとなったのは、お母さんが忙しくていっぱいいっぱいになっていたから。心配するあまり、つい言いすぎちゃったね」

と怒った理由や気持ちを伝えて勇気づけてあげましょう。

受験親子のメンタルをサポートする「オヤココンパス」では、さらに親子の絆を深めるために手や足のマッサージなどのスキンシップを勧めています。受験生はみんな肩が凝っているので、肩もみもいいですね。

スキンシップの方法は221ページにくわしく載せたので、参考にしてみてください。

「テスト結果に一喜一憂」は、親ならあたり前のこと

「テストの結果に一喜一憂しないでください」

とは言われても親ですから、一喜一憂しますよね。

みなさん、どんな結果が出てもワーッと心を乱されます。悪いときには当然落ちこみますし、いい点のときはできなかった問題に目が行きませんか。

前回の偏差値が49で、今回が53だったらほめてあげたらいいものを、「あんた、なんでここまちがえたの！　あとこれだけ解けたでしょ！」と、ついうらみがましく言ってしまうのです。

「一喜一憂しないでおこう」と思いすぎると、逆にストレスがたまります。一喜一憂するのは仕方ないのです。大切なのは、親の生の負の感情をぶつけすぎないことです。

(一社)日本親子コーチング協会代表理事の原潤一郎先生は、子どもに生の感情をぶつけないために次のような提案をしています。

「やっぱり怒らずにいられない」というのは、「テストを見る＝怒る」ということが衝動的、習慣化してしまっている可能性があります。子どもも「テストを見せる＝怒られる」というパターンになると萎縮してしまい、テストを持ってこなくなる、カンニングするということにもつながりかねません。

それを避けるためにも、新しいパターンをつくってみるのです。例えば、

「テスト結果は子どもの前で見ない」

「テスト結果は子どもが寝たあとに見て、次の日に伝えたいことを伝える」

こうすることで、ワンクッション置いて子どもと接することができるようになります。

成績は「波」があってこそ打たれ強い心をつくる

いったん上がったと思ったら、ドーンと落ち、また少し浮上する……伸び続けるだけが成績ではないことは、今まさに実感されている方も多いでしょう。

じつはこの「波」こそ、打たれ強いメンタルをつくるチャンスなのです。

子どもは成績の起伏にともなって、感情の起伏を経験します。マイナスの気持ちをどう切り替えるか、どう立て直すか。繰り返し行われるテストでは、そのメンタルトレーニングも兼ねているのです。

「成績が落ちる」という経験は重要

成熟度の高いシオリちゃんは、成績も上位で比較的安定していました。

ところが、第2志望の帰国生入試に不合格になると、すっかり落ち込んで勉強が手につかなくなってしまいました。おそらく自分を否定された気分になってしまったのでしょう。

優秀なシオリちゃんのことですから、気持ちを切り替えて一般入試へと向かっていくべきところですが、なかなか切り替えられません。結局、第2志望にも縁がなく、第3志望の学校に進学することになりました。

シオリちゃんは「波」を経験してこなかったのです。大きな挫折がなかったシオリちゃんは打たれ強くなるチャンスがなかったのです。波がない子ほど、いったん成績が落ち込むと、メンタルは乱れてしまいます。

成績に一喜一憂するのはラクなことではありませんが、だからこそ波はあったほうがいいのです。

大事なことは、成績が低迷しているとき、親がその状態を悲観しすぎないこと。そして、子どもに否定的な言葉を極力浴びせないようにすること。

「こういうときもある。メンタルを鍛えるチャンスだ」と親が構えて、子どもに前を向かせることがまず大事です。

イライラして八つ当たりしてくる子をどう受け止める？

小学生は心も体も成長過程です。まだ未熟な子どもたちが、短くて2年間、長いと6年近くも過酷な状況にさらされ続けるのが中学受験です。

では、何が過酷なのか。それは偏差値や塾の在籍クラスで自分自身を判断される時間を過ごしていくこと。

テストのたびに、塾の先生や親から、「もっとがんばれ」「このままじゃダメだよ」と発破をかけられ、どんどん追い込まれます。こうした日々が続くと、「テストの点＝自分の評価」となってしまいます。思うようにならないことでイライラしているのは親だけではありません。

子どもはとても感受性豊かです。ただ、それを表現する言葉のボキャブラリーは、大人と比べて多くありません。**子どもが自分の気持ちを伝えきれないとき、多くの場合、「泣く」か「怒る」のどちらかになりがちです。**

イライラするのは、言葉にならない気持ちの表れだと思ってください。

「オウム返し」で子どもの心を鎮める

子どもが感情表現をしているとき、大切なのは、大人は怒るのではなくわかろうとすること。

子どもが「あー、イライラするー」と言ったら、「そんなにイライラしないの！」とたしなめたくなりますが、そこで「イライラするね」と子どもの発した言葉を返してあげてください。

自分の感情を受けとめてもらえないと、勉強に向かう気など起こりません。

私はいつも授業に入ると、子どもの空気感を見ます。元気がない、不穏な空気を漂わせている、などのときには、いきなり授業には入らず、

「この1週間どうだった？」

と子どもの様子を探ります。すると最初は「別に」としか言わない子でも、手を替え品を替え話をふっていくと、「じつは、昨日パパとママが塾代のことでケンカしてた」などと話してくれます。

そういった子どもの不安、不満をある程度吐き出してから指導に入らないと効果がないことを痛感しています。学校で嫌がらせを受けているといった悩みがあるときは、具体的な解決法を一緒に考えなければならないこともあります。

勉強に向かえる心の整備は非常に重要です。第三者の力を借りてもいいですが、親が子どもの感情をきちんと受けとめられれば最強です。

感情むき出しの「親塾」で、成績は下がる

親が子どもに勉強を教えるのは至難の業です。

親子はお互いの感情がむき出しになるので、ささいなことで衝突しがち。親の教え方が下手だと、なおさら衝突します。

子どもと一緒にテキストを見て、「どうやって解くのかなあ」と考え始め、xを使ってみたりyを使ってみたり……。塾の先生やプロの家庭教師なら10分で済むところを2時間かかったりするわけです。塾の自習室で勉強して、先生に質問するほうが「親塾」より数倍効率的です。

「親塾」では子どもが集中力をなくし、親はさらにイライラ。親も仕事で疲れているのに、休日に勉強を教えるのは大変です。それならば、勉強せずに親子で楽しく遊ぶほうに時間を使いたいですよね。

親塾には「動画」がオススメ

それでも「親塾しよう」という熱心な方は、必ずテキストの予習をして臨みましょう。

『下剋上受験』（産経新聞社）のお父さんも、子どもに教える前にみっちり予習していま す。子どもが学校に行っている間、ずっと塾の問題を解いているお母さんもいらっしゃい ます。予習せず、行き当たりばったりで休日、「やるぞー」とはりきってもムリです。

予習する時間がとれない人は、子どもと動画を見て一緒に学ぶという進め方もあります。私も「**きょうこ先生のはじめまして受験算数**」という無料動画をアップしていますが、**今はいろいろな科目の動画もたくさんアップされています**。

また親が1人で予習する場合も、動画を使うことはオススメです。テキストの解説は、「こんな複雑な問題なのに、説明はたったの2行？」というわかりづらいものも多いのが事実。そんな解説を片手に「親塾」を試みたところで、いい成果は上がりません。

フルタイムで多忙の親ができるフォローとは

漠然とお金を払って塾に通っているだけでは成績は上がりません。相手は小学生ですから、家庭でのフォローは必須です。

とはいえ共働きの家庭となれば、なかなか勉強を見る時間はとれません。

フルタイムで働くママも増え、お父さんよりお母さんのほうが忙しい家庭、両親共に帰宅が遅い家庭もあります。

最近ではさまざまなサービスが増え、勉強のフォローとしての家庭教師だけでなく、塾の送迎のシッターや家事代行業者を利用している家庭もあります。「外注」をうまく利用することは、家の中の風通しをよくし、心身の健康を保つのにとてもいいことです。

ただ難しいのが、「外注」に丸投げしても、思うように子どもの成績が上がらないところです。

繰り返しますが、子どもの成績を上げるには、メンタルが大きく作用します。

高額なプロ家庭教師でスケジュールを埋めても、家庭環境や親子関係が不安定だったりすると子どもの成績は上がらないのです。

親子のコミュニケーションは、時間さえ長ければいいわけではありません。大切なのは、コミュニケーションの質です。

忙しいでしょうが、親御さんはぜひお子さんの勉強に2割でも3割でも介入してあげてください。

親ができることは「たわいない話」を聞くこと

仕事から帰ってくると、親は気になっていろんなことを矢継ぎ早に聞きたくなります。

「ちゃんと宿題やった？」

「時間割そろえた？」

「お風呂には入った？」

ところが、子どもは、

「今日、学校でこんなことがあってね」

「○○先生の話でみんな大ウケだったの」

などと言いたいことがたくさんあります。そういうたわいない会話の時間はとても大切です。

「お母さんがしっかりニコニコと聞いてくれる」と思うと、子どもはいざ困ったことがあったとき、素直に話してくれます。たっぷり時間がとれないぶん、親子で話す時間を楽しみにしています。

そこで仕事モードが抜けないまま、「ちゃんと宿題やった？」という言い方をしてしまうと、子どもにとって親子のコミュニケーションタイムが苦痛になってしまいます。

楽しくおしゃべりして、気になることは最後に伝える。

「時間割そろえてから寝なさいよー」

心が満たされたあとの「お願い」には、子どももいい気分で取り組めるものです。

「最難関狙い」の受験勉強法をマネして、かえって親子バトルに!?

「4人の子どもを東大理Ⅲに入れた」ことで有名な佐藤亮子さんの本がずいぶん話題になりましたね。佐藤ママ（と呼ばせていただきます）のように、わが子の受験成功話を語っている本は数多とあります。

塾の上位クラスに在籍し、最難関校を目指すご家庭は参考になるかもしれませんが、そうでない場合、こうした内容を鵜呑みにするのは危険です。

佐藤ママのお子さんは4人とも学力、成熟度ともに相当高かったわけです。それに加えて佐藤ママのメソッドは、わが子のために構築したメソッドでもあるのです。

こういった本を効果的に使うには「わが子に合った方法が1つでもみつかったらめっけもの」という一歩引いた目線で読むことが大切です。

子どもに「自分の足」で立たせる

佐藤ママのおうちは完全管理型です。賢く成熟度の高い子どもは、そのような環境下でも自分を見失うことはありませんが、普通の小学生は「去勢」されてしまいます。かといって、「自分でやれ」と突き放しても、幼い子どもはうまくいきません。本人はなくす気がなくても、テキストがどこかへ行ってしまうわけですよね。

自転車の補助輪を外すときのように、ちょっとずつ手を放していってあげる。親が最初から最後まで自転車を支えつづけると、1人で乗れるようにはなりません。受験を乗りきり、中学高校で自ら勉強できるようになるためにはやはり自分の足で立つことも大切です。

最難関校に通う生徒でも、親が徹底管理し続けたのに主体性が身についていないケースがあります。

高校生になっても、「ママ、今日何を勉強したらいい？」という子どもに育てたいでしょうか。

「中学に入ったら自分でやりなさい」と突然放り投げても、小学生のうちにそれだけ「去勢」しておいて、突然自立できるわけがありません。その積み重ねが、「大学に入って何をすればいいかわからない」「社会に出て指示がないと動けない」という状況を生みだしてしまいます。

受験勉強のサポートは、「我が家流」でいい

佐藤ママの各とりくみ方法は実戦的であると同時に筋が通っていて「さすがだなあ」と思います。「子ども別に教材づくりをする」といった徹底したサポートをできる親はどのくらいいるでしょうか。「恋愛禁止」を謳《うた》っていますが、そこまで本気で受験に臨むなら、それもあるでしょう。

私の考えとしては恋愛は自分次第で、親が禁止するものではないと思いますが、当の東大生たちは高校時代を振り返って、こう言っています。「恋愛なんてしている時間はなかったよ」と。受験勉強に真剣にとりくんでいたら、そんな時間も心の余裕もない、というのが現実です。

「子どもの本音」のなかに親子関係をよくするカギがある

いわゆる「子育て成功本」「受験成功本」は、すべて大人が実践したこと、よかれと思ったことを中心に綴ったものです。しかし子ども側の本音が書かれているものはほとんど見当たりません。

私が親御さんとお子さん、それぞれとお話しすると、ずいぶん両者の捉え方がちがうことがけっこうあります。

子どもは、親の前でなかなか本音を言わないものです。

子どもがポロッとこぼした言葉のなかに、子育ての重要なメッセージが込められています。ここでは、普段心に秘めている子どもたちの胸の内を紹介しましょう。

「忙しいママ。隣にママがいるだけでいいのに」

数年前に指導に入っていたタクヤくん。地頭がとてもよく、成熟度も低くないのですが、いつもお母さんを求めていました。

お母さんは、会社経営もしているバリキャリタイプ。とにかく忙しくて家にはほとんどいません。親子バトルする時間もなく、タクヤくんは「早く家に帰って来て」としょっちゅう電話をかけるほど。

家事はおばあちゃんやシッターさん、勉強は家庭教師という外注のオンパレード。

そのタクヤくんが言ったのが、この言葉です。

「隣にママがいるときがいちばん勉強がはかどる」


一緒にいる時間そのものが少ない家庭は、お母さんという存在が近くにあってほしいのです。私はお母さんに何度か伝えました。

「勉強を教えなくてもいいので、とにかく隣に座ってあげてください。パソコンで仕事でもしていていいですから」

実際タクヤくんは、朝5時から仕事しているお母さんの隣でテスト勉強した日は、目を見張るような高得点をとるようになりました。


勉強は家庭教師に教えてもらえますが、心の踏ん張りは親でなければできません。

入試に向かう最後のエンジンをかけるためにも目をかけてあげてください。

「パパのために勉強してる気分にさせられる」

親はいい点をとってくれば喜び、悪い点をとってくれば怒り悲しみます。

お父さんが大好きで、お父さんの喜ぶ顔を見たくて勉強している子もいます。4、5年生の女の子に多く見られます。教え子のリコちゃんもそうでした。いい成績をキープしていたのですが、私にふと漏らした言葉がこれです。

「なんだかパパのために勉強してる気分にさせられる」

こういう子のなかには、6年生になって早めの反抗期が来ると、「親のためにやってるんじゃない！」と爆発する子もいます。

よく聞く話では、**桜蔭の合格発表の後、娘が親に決別宣言をするというものです。**

「もう今日から私、自分の好きなように生きていくから。今日までママのために我慢してやってきたけど、もう終わり」

親に文句を言わせないように、「合格までは我慢しておいてやる」と歯をくいしばって勉強してきたのです。

成熟度の高い子にはこのような動機で勉強している子もいるのです。成熟度の低い子は我慢ができないので、感情を爆発させてしまいます。それがむしろガス抜きになっているのかもしれません。

例えば、子どもがトイレ掃除をしてくれたとき、「トイレがきれいになって、ママはうれしい」と言うのはかまいません。でも勉強しているとき、「勉強してくれて、ママはうれしい」と言うと、「ママのための勉強」になってしまい、持続しなくなります。

本来、受験勉強は子ども自身のための勉強です。

親のために勉強している子は、成績が伸びづらいだけでなく、中学以降もやはり伸びづらくなります。親の顔色をうかがって勉強しているため、何かをきっかけに「親のために勉強しなくていい」と思ったとたん、まったくしなくなります。

「わからないけど、わからないとは言えない……」

テツヤくんを中学受験カウンセリングしたときのこと。お母さんの不安、不満、理想を聞きながら、模試の結果や受験ノートに目を通しました。偏差値は40前半ですが四則計算すら危うい状態なのが一目でわかりました。お母さんが席を外したスキにテツヤくんに、「塾の授業、本当は全然わからないんじゃない？　つらいよね」と言うと、「うん」とかすかにうなずきました。

その後、お母さんからこんなメールが来ました。

「**勉強がわからない自分をわかってもらえて、子どもはうれしかったようです**」

なんとなく、だましだまし勉強していることが不安でつらいというお子さんは、じつはたくさんいます。だからこそ、「じつはわからなくて、つらいんじゃない？」と声を掛けてもらうことが救いになるようです。

また「算数カフェ」に来ていた、大手塾の上位クラスにいるコウキくん。偏差値こそ60ですが、ノートを見ると、基本的な部分で理解できていないことがわかりました。親御さんが席を外したところで、

「算数、ほんとはすごく不安じゃない？　このあと、成績が下がっていくんじゃないかと、自分でも見えてるんじゃない？」

と声をかけたら、ポロっと涙をこぼしたのです。「ご両親に、すぐに家庭教師をつけてあげるように言ってあげるから」と言ったときのコウキくんのホッとした顔が忘れられません。

「受験で一番イヤな思い出が、カメラ」

4年生のときにカウンセリングで一度会ったマリちゃん。「立教女学院に行きたい」との話でしたが、ちょっと学力的に厳しいかなという印象でした。それが今年、「立教女学院に受かりました」とお母さんからメールをいただきました。

その「勝因」をうかがうと、こう言われたのです。

「リビングにカメラを置いておくだけで、全然ちがいますよ。そこにカメラがあると思うと、子どもは絶対テレビをつけたりマンガを読んだりしないのでオススメです」

次に、「マリちゃんと話したいので、お母さんはちょっと出かけてきてください」とお願いし、マリちゃんには「もう1個ケーキ食べる?」と言いながら話を聞きました。

「受験期間でいちばんイヤだったことは何?」

「カメラ」

親と子の意識のちがいがよくわかりますね。「**お母さんに信頼されていないのが一番イヤだった**」と話してくれました。

「カメラがお化けに見える」

じつは、監視カメラをつけているお宅は少なくありません。私が教えていたおうちも、お母さんは子ども部屋に監視カメラをつけていました。

「先生、うちの子、ヘンなことを言うんですよ。カメラを『お化けがいるみたいで怖い、怖い』って」

「じゃ、カメラをどけましょうよ」

「カメラがなきゃ勉強しないんですもの」

子どもに聞くと、

「**カメラから突然『やってるー?』って声が聞こえてきて、めちゃめちゃ怖い**」

とのこと。もし職場で自分の机に監視カメラがあって、ときどき上司から「やってるかー」と声が飛んで来たらイヤですよね。自分に置き換えたらとんでもないことですが、親になるとわからなくなるものです。

「ホッとできるのはテストのときだけ」

家庭教師などの第三者は、勉強以外の話をして「風通し」をよくするのがとても大切だと思っています。

「最近、学校どう？」

「最近、ママどう？」

しかし、カメラがあると、本音を聞き出せません。

ヒカルちゃんの家にも監視カメラがありました。自営業のお父さんは、仕事をしながら常に別室で監視しています。家庭教師が、眠そうなヒカルちゃんに「おーい、起きてる？」と声をかけたとたん、お父さんがバーッと飛んできて、バシッと子どもの頭をハタき、「これを飲め」とビタミン剤を与えました。


ちなみに、ヒカルちゃんは塾の毎週末のテストで何度か0点をとってきました。答案用紙は白紙です。聞けば、テスト中のことは覚えていないと言います。

「あなた、寝てたでしょ！」と両親が怒るので、塾の先生にテスト中の様子を見てもらいました。するとテストが始まったとたん、気を失ったようにパタンと寝てしまっていたのです。

なぜだかわかりますか。

これは、家がまったく気を抜けないストレスフルな空間だということです。塾では先生の目があるので、気を張っています。本当にリラックスできるのは、誰の目も届かない、テスト時間だけで、そこで無意識にこと切れてしまっていたのです。その話を聞いたとき、胸がつぶれる思いがしました。

特別収録❸

勉強を教えるとき、親はどこに座りますか？

子どもと一緒に勉強するとき、みなさんはどの位置に座っていますか？

対面式？　横並び？

座る位置なんてあまり気にしていなかったという方も多いかもしれません。

家庭教師でうかがうと、「先生、こちらにお座りください」と机をはさんで向かい側の椅子を勧められることがあります。私としては「横並び」が常識だったのですが、そうともかぎらないとわかったので、ここで強調させてください。

向かい合わせで座ると、テキストやノートが見づらいですよね。「一問一答式」を口頭で一緒にする場合は向かい合わせでもかまいませんが、鉛筆を持つ場合はお子さんの横に座りましょう。

では、お子さんの右と左、どちらに座りますか。

・右利きの子どもの場合は左に親が座る
・左利きの子どもの場合は右に親が座る

これが鉄則です。子どもの目の前にノート、親子の真ん中にテキスト。子どもがどう書いているか、その手元を見ないと勉強は教えられません。

子どもの隣で「速く速く」とせっつかない

もう1つ、親御さんが勉強を教えるときにお願いしたいことがあります。お子さんが解いているのを、少し待ってあげてください。

以前、「算数カフェ」で、こんなお父さんがいました。

計算を暗算させる時間があるのですが、子どもが「えーっと」とつぶやくだけで、「速く速く」とずっと横で責め続けているのです。これでは、子どもの気が散るばかりで、思考が働きません。子どもは一生懸命やっています。大人が思うようなスピード、正確さ、姿勢ではないかもしれません。でも「速く」と急かしたところで解決するものではありません。もう少し、お子さんを見守ってあげてください。

4章

メディアからは見えない魅力的な学校、知っていますか?「志望校選び」という悩み

偏差値表には載っていない、リアルな学校生活を知る

「憧れのあの学校に入りたい！」

そんな思いから中学受験を始めたご家庭もあるでしょう。

みなさんは、どのように志望校を選ばれましたか。

私は今、高校生、大学生、社会人になった教え子とよく連絡をとりますが、憧れの学校に進学したものの理想と現実がちがったという話もたくさん聞きます。なかでも、学校のブランドだけで選んだご家庭にその傾向が強い印象です。

親も子もいわゆるブランド校を目指し、私も若かった頃はそこまで考えず「志望校に合格させることこそ責務」とばかりに指導してきました。

ただそのあと、「校風が合わなかった」「もっとたくさん学校を見ておけばよかった」という話を聞くことが多々ありました。

「第1志望校」の理想と現実

例えば、勉強はできるけれど、忘れ物が多く、身のまわりの整理整頓が苦手なシュンスケくん。

お母さんが手とり足とり勉強させて、第1志望の麻布に合格しました。

ところが、自由な校風の麻布は、勉強も自主性まかせ。結局、**自分では勉強できずに成績は伸びず、学校をやめることになりました。**シュンスケくんのような子は、ある程度管理してくれる学校に行ったほうがよかったのではないかと思います。

また、第1志望の東洋英和女学院に合格したサキちゃん。ずっと合格ラインギリギリと言われていましたが、見事合格しました。

受験が終わったとたん、サキちゃんの学習習慣は完全オフに。中学では友達づくりや部活動を楽しみにしていたのですが、いざ入学すると出された宿題が終わらず、深夜まで取り組む日々。補習、補習の毎日で、中1から塾通いもスタート。部活を楽しむ時間も友達と遊ぶ時間もなく、**「中学受験のときよりつらい」と暗い顔をして通っています。**

入学してからの生活が一番大事なのに、受験勉強の最中には、なかなかそこまで思いを馳せることはできません。塾は入るまでのサポートをするところですから、そういった類の話は聞けません。

でも6年間、学校に通い続けるのは子どもです。毎年大きく変動する偏差値だけで、志望校を決めていいものでしょうか。

偏差値は、模試の主催者でこんなに変わる

ところで偏差値は、塾や模試の主催者によって大きくちがいがあるのはご存じかと思います。塾や模試の母集団のレベルによって差があるからです。

例えば、サピックス偏差値47の桐朋は、首都圏模試の偏差値は65となります。

塾によって偏差値はこんなにちがう！

塾	桐朋（男子校）	学習院女子（女子校）
サピックス 2018年6月実施	47	47
日能研 2018年5月17日発行	55	56
四谷大塚 2018年4月8日実施	55	58
首都圏模試 2018年7月版	65	67

＊サピックスは「2018年第2回志望校判定ＳＯ80％判定偏差値」、四谷大塚は「2019年度用合不合判定テスト（第1回）80偏差値一覧」、日能研は「2019年中学入試予想Ｒ4偏差値一覧」、首都圏模試は「2019年中学入試予想偏差値（合格率80％）一覧」の数値をもとに作成。それぞれ公式ＨＰ参照

高校・大学受験の偏差値とは別物

また家庭では偏差値45の学校を第一志望としてがんばっているのに、中学受験をしていない「外野」から、

「偏差値45の学校なんて行かせる価値があるのか」

と揶揄《やゆ》されることがあります。

最近は、祖父母が中学受験にかかわってきているケースも多く、孫の志望校が「偏差値45」と聞いて、「えっ、そんなに低いの?」と驚かれたという話もあります。

しかし、中学受験の偏差値50と高校受験、大学受験の偏差値50はまったくレベルがちがいます。中学受験をするのは、小学校における学力上位層です。その中での偏差値50ですから、非常にレベルが高くなります。

一方、高校受験の偏差値50は、中学受験をした学力上位層が抜けたものとなります。

併願校もちゃんと足を運んで決める

6年生になると、併願校を含めた現実的な志望校選びが始まります。

「お子さんはこの学校を目指せるんじゃないですか」

という塾からの提案で志望校を決めている人も多いかもしれません。

さらに併願校について塾は「パッケージ」を勧めてきます。

例えば、第1志望が豊島岡女子学園ならば、次に鴎友学園、そして晃華学園、最後に頌栄女子学院……とセットになっています。これは塾の合格実績を上げるためのプランでもあります。

親も「せめてこの偏差値ラインまで」という線引きが心のなかにあることでしょう。

しかし、このなかで頌栄だけが学校のカラーも入試問題の傾向もまったく異なります。

併願校も、通う可能性の十分にある学校です。

第1志望と第2・第3志望で学校のカラーが極端にちがうと、入学してから残念な思いをしてしまうかもしれません。

選んだ学校は、実際に通わせたい学校でしょうか。

学校の情報をちゃんと調べていますか。

学校選びには偏差値以外にさまざまな軸がある

ちまたには、さまざまな情報があふれていますが、大切なのは各ご家庭の価値観です。以下にいくつか代表的な学校選びの「軸」の例を挙げました。おおまかに①から⑨に分けましたが、番号を追うごとに、外からは見えにくい「軸」となります。

① 伝統(ブランド)——強いモチベーションになるが……

中学受験を考えたときに、まず気にされるのがこの軸ではないでしょうか。

実際、伝統校はOB、OGのつながりが強く、それも魅力の1つではありますが、その魅力を生かすも殺すもじつは本人次第。

そこに入ればバラ色の人生が約束されているわけではありません。

しかし、「御三家(男子が開成、麻布、武蔵、女子が桜蔭、女子学院、雙葉)」、「お嬢様学校では白百合」、といったイメージに憧れを持つことが受験勉強の強いモチベーションになるのも事実です。

②男子校、女子校、共学校——何が「違う」のか？

男子校出身者、女子校出身者は、みんな「男子校でよかった」「女子校でよかった」と口々に言います。

特に女子校出身の親は、子どもに女子校をすすめる傾向があります。

男子校、女子校のメリットは異性の目がないぶん、のびのびと自分を出せるようになること。ただし大学入学後、異性との距離感で悩むという話もあります。

共学校はつねにまわりに異性がいるため、おたがいに自分をさらけ出せません。その代わり、男女の友情や恋愛が身近になります。

一方で、共学校は、男女比7対3がベストといわれ、これでようやく力関係が対等になるほど、心身の発達の早い女子が強いのです。そのため、女子にいじめられやすい気の弱い男子が共学校に行くとキツイ思いをすることが往々にしてあります。

③大学合格実績——国立大学合格実績に注目

東大や医学部、早慶などの進学実績重視のご家庭は、ここがもっとも大きな「軸」となります。

わかりやすい軸ですが、気をつけたいポイントがあります。

それは、早慶など私立大学の合格者数です。学校によっては100人以上、多くの学校が二桁の合格者を出していますが、**私立大学は1人で何校も受けることができるため、その学校の実力を知るには不十分です。**ＡＯ入試の合格者がほとんど帰国子女だったということもあります。

④制服——女の子の大きな「動機」に

実質主義の家庭にはピンと来ないかもしれませんが、女の子で意外に多いのが「制服がかわいいかどうか」という軸です。制服で学校を選ぶ子は偏差値をほとんど気にせず、「セーラー服が着たい」という理由で東洋英和女学院や東京女学館を受けたがります。また、「あの学校の制服を着せたい」という思いを持っている親もいます。

お気に入りの制服を着て楽しい学校生活を送るイメージを持つことは、受験勉強のやる気アップにもつながります。ただし、中高6年間だけでなく卒業後のあり方まで家庭で話し合っておくことをオススメします。

⑤交通アクセス——意外に見落としがちな視点

3・11の東日本大震災以降、通学のしやすさは、より重要な軸となっています。中学入学を機に通いやすい場所に引っ越すご家庭もあるほどです。

通学時間は、1時間が限度ではないでしょうか。高校生になれば慣れてくるものの、中学生の間は体力消耗し勉強どころでなくなってしまいます。満員電車に揺られるのも避けたほうが賢明でしょう。「**痴漢で学校に行けなくなった**」という子もおり、同じ路線でも上りか下りかを考慮する家庭は多いです。

大学受験を見据えた場合、予備校に通いやすいかどうかも重要です。

例えば、関西の女子最難関である洛南は、片道1時間以上かけて通う子も少なくないのですが、そのぶん勉強時間が不足し、現役合格が難しいという話もあります。

教え子のサトミちゃんは、片道2時間かかる第1志望のA校に落ち、片道15分の第2志望のB校に進学しました。「英語と数学の専門予備校に通えたのは、学校が家から近かったから。もしA校に通っていたら、第1志望の大学に現役合格できなかった」とサトミちゃんは言います。

もし片道1時間かけて通うなら、新幹線通学はオススメです。「交通費が……」と思われるかもしれませんが、学生の定期券では意外とリーズナブル。静岡から都内の学校へ新幹線通学している子がいますが、車内で落ち着いて勉強できるため、成績をキープしやすいといいます。

6年間通学することを、ぜひシミュレーションしてみてください。

⑥部活——ある条件で「部活できない」学校も!?

野球やサッカー、チアリーディングやかるたなど好きなことに思いきり打ち込みたい子にとって、その部活があるかどうかが学校選びの肝になります。だからこそ、その学校の部活の充実度を入念にリサーチしておきたいところです。

例えば、渋谷教育学園渋谷はサッカー部があると安心していたら、学校から離れた場所に練習グラウンドがあり、思いのほか移動時間がとられてしまいます。

部活にかかる費用も注意点です。特にブラスバンドやオーケストラなど楽器にかかる費用は軽視できず、強豪校ほど遠征にかかる費用もプラスされます。

「文武両道」を謳いながら、成績次第では部活への参加を認めない学校もあるので、部活体験会や学校説明会で、詳しい話を聞いてみてください。

⑦授業（カリキュラム）——より現実的な視点を

学校をいくつか見学すると、だんだん授業やカリキュラムにも目が向くようになってくるのではないでしょうか。特に大学受験やその先を見据えたご家庭では、この軸が重要になってきます。

学校側の説明を聞いて親がよいと思うカリキュラムと、学校公開を見て子どもがよいと思う授業に食い違いがあるかもしれませんが、どのような学習環境を求めるかを家庭で話し合っておくと、学校選びがより現実的になってきます。

⑧教育方針——自由型か、管理型か

私立中高一貫校情報誌「ＳＣＨＯＯＬ」の編集長をしている吉田玲嗣《れいじ》さんと、現役私立中学教員の寺西幸人《ゆきと》先生とともに、「志望校の選び方」についてのセミナーをたびたび実施しています。

情報誌「ＳＣＨＯＯＬ」は偏差値を一切載せず、ありのままの学校の姿を紹介しており、寺西先生は、「入学してから『あれ？』と思うことがないように普段は出さない学校の情報も共有したい」というポリシーのもと活動されています。

セミナーでは、学校を見る1つの指標として、学校を「自由型」と「管理型」に分けました。これは偏差値にかかわらず、学校の指導方針やカラーを私たちなりに判断したものです。

・自由型の学校……生徒が主体的に学校生活を送る
・管理型の学校……生徒の学習・生活を管理する

この「自由型」「管理型」は真っ二つに分かれているわけではなく、その度合いによってグラデーションを成しています。

流されやすい子は、「管理型」の学校が安心

例えば、男子御三家のうち、開成は比較的管理型で、麻布と武蔵は自由型です。

開成は、いわば手厚い予備校といったらいいでしょうか。子どものノートを先生が毎日チェックし、赤を入れて返します。

一方、麻布も武蔵も生徒の自主性を重んじます。麻布生が本気で勉強を始めるのは高2の夏で、学校は一切介入しません。

女子御三家でいうと、桜蔭、雙葉は管理型、女子学院は自由型となります。

この「自由型」「管理型」はどちらがいい・悪いという話ではありません。

自由型の学校に通うと勉強しなくなるため、管理型の学校が向いている子もいます。管理型に反発して力を発揮できなくなる子もいます。合う合わないは、子どもによってちがいます。

流されやすい子は、自由型では悪いほうに流されてしまう可能性もあります。流されやすいか流されにくいかは成熟度によりますが、小学6年生の時期はその過渡期で、14〜15歳で主体性が芽生えてくる子も多いのです。

子どもの個性をのびのびと伸ばしたほうがいいのか、きちんと管理したほうがいいのか。親がそこを見極めて学校を選択してください。

⑨面倒見のよさ——学校のカラーにより対象が異なる

「面倒見がよい」とひと口に言ってもその対象はさまざまです。

例えば、明治大学附属明治は、高校進学時に英検準2級（一次）の保持を必須としており、全員を進学させることをモットーにしています。そのため、中3の6月に合格していない生徒を夏休みにマンツーマン指導するなど手厚いサポートをしています。

また私の教え子で、受験が終わった後、ディスレクシア（文字の読み書きが困難）の診断を受けた子がいました。その子は恵泉女学園に入学したのですが、英単語を覚えるのも一苦労。すると教員の間で情報がシェアされ、専門のサポートチームができ、学年一丸となって彼女を支えています。

ご家庭でどういった「面倒見」を求めるのかを明確にし、学校説明会などで具体的な質問をしてみましょう。

ギリギリ入学の明暗
——お尻を叩く受験は子どもを追いつめる

「うちの息子、〝深海魚〟なんですけど、どうしたらいいですか」

受験を終えた教え子のお母さんから、こんな相談を受けました。

深海魚？　そのとき初めて聞いた言葉でしたが、どうやら海底付近を泳ぐ魚のように、成績が下位で低迷した状態を指すようです。せっかく志望校に合格しても、勉強についていけなかったら、学校生活はつらいですよね。

ある進学女子校にギリギリ合格したミユちゃんから、中1の夏休み、ふたたび家庭教師の依頼がありました。「宿題が手に負えないから手伝ってほしい」というのです。聞けば、分厚い英語のテキストをポンと渡され、学校側のフォローは特段ないとのこと。

また、進学男子校に通うヨシオくんは、お母さんのスパルタ管理のもとギリギリ合格しました。中1の最初の中間テストでボロボロの成績をとると、お母さんは激怒。以来、すっかり学習意欲は失われ、赤点ギリギリでなんとか進級しています。さらなる悲劇は、中学受験の影響もあり、中1からの数年間、まったく口を利いていないほど母子関係がこじれていることです。

ちなみにヨシオくんの学校は、「毎年、同級生が10人以上減っていく」とのこと。**フォロー体制ができていない「切り捨て型」の学校があるのも事実で、大学合格実績が近年伸びている学校の一部にその傾向があります。**

一方で、ギリギリ入学しても成績が伸びていく子もいます。それは中学受験のとき、主体的に、自分で勉強してきた子です。

「学校が求める生徒像」とは

学校が求める生徒像との乖離で苦労した例もあります。

教え子のヒカルくんは、明るく素直でややおっちょこちょいなタイプ。授業中、率先して騒ぐことはないけれど、首謀者がいるとそれに乗って一緒に騒いでしまいます。その中学は、優等生タイプを好む学校でした。いったん先生に目をつけられると、問題児のレッテルを貼られます。先生の入れ替わりもないため、レッテルを貼られた子にとっては息苦しく、結局ヒカルくんは公立中学に転校することになりました。

ここで私が伝えたいのは、「子どもにとってベストの学校を徹底的に探せ」ということではありません。ある程度、子ども自身が学校に合わせていくことも大事です。ただ、子どもの気質や家庭の価値観と、学校の方針に、根本的に大きな隔たりがあるなら、受験前に知っておくほうが幸せです。

「うちは面倒見がいいです」と言いながら、成績が悪いと高校に進級させてくれない学校もあります。

勉強一色で東大合格実績を誇っていても、在校生がのびきったゴムのようになっている学校もあります。

こうした事情は、偏差値や大学合格者数からは判断できません。一番よいのはその学校に通っている生徒の親に聞くことですが、その機会がない場合は、文化祭など生徒と直接ふれあえる場で高校生に聞いてみましょう。

大学附属校にある、「落とし穴」とは

２０２０年度の大学入試制度改革への不安から、大学入試を回避するために大学附属校の人気が高まっています。

大学附属校は貴重な10代の６年間、のびのびと好きなことに打ち込めるメリットがあります。反面、学力が固定化してしまうデメリットがあります。

外部の大学を受ける生徒の多い学校は、「勉強側」に身を置くことで学力向上を図れます。高校入学時は８割の生徒が外部の大学を希望するものの、高３になるにつれ、その割合が減ってくる学校もあります。**外部への進学を目指すなら、流されない意志を持つこともポイントになります**。

内部進学を目指す子も、希望の学部に入れるとは限りません。例えば、日本大学では医学部や獣医学部、芸術学部などの人気学部がありますが、ここに進学できる子は、全国の日大附属の高校でいい成績を収めなければなりません。

また単科大学の附属校では、悩ましい問題を抱えている学校もあります。優秀な生徒はたいてい外部の大学を受験します。そうでない生徒は内部進学します。

文系大学の附属校で理系に転向したい子は、外部の理系大学に進学するため、それが大学合格実績として評価されます。すると、中高でも理系の教科に力を入れずにはいられなくなります。逆もしかり。

某工業科のある大学の附属校では、「うちの子は理科が好きだから入学したはずなのに、学校の授業が文系科目に力を入れすぎる」と嘆く親もいます。

希望大学進学への「別ルート」がある

勉強はそれほど得意ではないけれど、コツコツとがんばることができる……。

これも1つの才能です。

このような子（特に女子に多い）は、中学受験で成果が出にくくても、大学進学で花を咲かせることができます。

そのカギは有名大学への指定校推薦枠です。

ギリギリ入った第1志望の中学で勉強についていけないと嘆くより、偏差値を落とした学校で中間・期末テストの点数や、内申点をコツコツと稼ぐことによって、慶應や早稲田などの推薦枠を勝ちとることも可能です。

例えば、**頌栄女子学院（偏差値59）が第1志望でも、あえて立教大学の推薦枠の多い香蘭女学校（偏差値48）へ進むという方法です。**

頌栄女子学院では、ともすると「深海魚」になってしまいますが、香蘭女学校へ進学すれば、コツコツと内申点を稼ぎつつ学校生活を楽しみ、推薦で大学進学できます。

同様に、**大学の医学部を狙う場合でも、四天王寺の医志コース（偏差値66）に入れず英数コースから医学部を狙うより、大阪大谷の医進コース（偏差値41）に進むほうが医学部への推薦を狙え、確実に医師への道が開けます。**

このように、最終目標に向けて打ち手を変えるのも中学受験の戦略の1つです。

志望校には何度か足を運ぶ

「4年生、5年生のうちに文化祭に行きましょう」

このように塾から勧められますが、文化祭はしょせんお祭りですから、遊びに行っただけでは学校の実情は見えません。

「文化祭で見たおしゃれなカフェテリアと自由な校風に憧れて入学したけれど、本当に放任で宿題も全然なくて不安になる」

ともらすのは、ある中堅女子校に入学した教え子。その憧れのカフェテリアも利用できるのは高校生になってからという事実は入学後に知ったとか。

✚文化祭は、在校生と触れ合えるチャンス

学校を知るためには、実際に足を運び、前述したように、そこに通う生徒にアクセスするのが一番です。在校生をつかまえて、「学校生活どう?」とたずねてみましょう。「宿題

はどのくらい出る?」「高校に上がれないことは?」「学校でどんなことがつらい?」「部活で、中学生と高校生は仲良い?」「カフェテリアは中学生も使える?」などなど、率直な声を聞く絶好のチャンスです。

また、学年によって指導方針にちがいがある学校もあります。在校生1人だけでなく、学年の異なる複数の生徒に話を聞くと、より学校の実情が浮かび上がってきます。

学校説明会で見るべきポイントは

学校説明会はその学校の表の顔、フォーマルの顔です。先生は基本的によいことしか話しません。パンフレットには、「グローバル教育」「英語教育」「ICT教育」「アクティブラーニング」といった力強いキャッチコピーが躍っています。これらの流行りの言葉とうまいプレゼンが組み合わさると、「素晴らしい学校」に思えてくるのではないでしょうか。しかし、それが本物かニセモノかを見極めるコツがあります。

ある共学校の学校説明会に行ったお母さんが、こんな話をしていました。

「先生が熱く話されていたのですが、なんだかよくわからなかったので、『先生はどういう子に育てたいのでしょうか』と質問したら、とたんに黙られてしまって……。その後、

『これからの時代に生きていける子』と答えられましたが、漠然としすぎていて拍子抜けでした」

先生たちが自分の言葉で話しているか、芯を持って話しているか。そういったものはおのずと伝わってくるものです。つまり、どういう人間に育てたいかというビジョンがあるかどうかということです。

また「学校説明会に生徒さんが登場する学校はとても印象がよかった」とあるお母さん。**生徒に壇上でフリートークをさせる学校は、「教育に自信のある学校」と見ることができます。**

入試直前期の説明会には必ず行こう

6年生の11～12月、つまり入試直前期の学校説明会には、必ず参加しましょう。

この頃には試験問題もほぼできあがっているため、学校説明会というより「入試問題説明会」の体となることもあり、この場でしか聞けない情報があります。

出題傾向が変わる場合は、ほとんどの学校が事前に伝えてくれます。何も言わずに変える学校は、塾を敵にまわしてしまいますからね。

そして、「この学校を○回受けたら加点がある」「解答がまちがっていても途中式があれば部分点があるから必ず書いておくべき」といった情報も教えてくれます。

個別訪問は「合格への近道」

「第一志望の子に来てほしい」と思っている学校は、対応も丁寧です。

まず学校に電話し、個別訪問できるかどうかを聞いてみましょう。

「いつでもどうぞ」

と快く対応してくれる学校は、親のみで訪問し、「うちの子、国語が苦手なんですが、どうしてもこの学校がいいんです…」などと具体的な悩みを相談してみましょう。そこで、「漢字だけはしっかりやってください」などの具体的なアドバイスをくれる学校は、合否の判断を点数だけでなく、その家庭の熱意をプラスしてくれる場合もあります。

わが子のよさを伸ばしてくれる学校を選びたい

いろいろお話ししてきましたが、まず大切なのは、家庭のなかでの「軸」をつくることです。

部活に力を入れたければ部活について聞かなければならないし、進学実績を重視するなら細かい数字や補習の有無について聞かなければならないでしょう。

「学費を払っているから」

「私立中学だから」

と学校が子どもを育ててくれる、染め上げてくれると思ってしまいますが、そうではありません。

はじめに家庭の「軸」があり、それに合う学校を自分たちが引っ張ってくるという意識でなければなりません。

さもなければ、学校が「こんな英語教育をしています」と言えば、なんだかそれがよく見えてしまう。でももし、「わが家は英語で話すことに力を入れたい」と優先順位がはっきりしていれば、そこにフォーカスした学校選びができるのです。

「SCHOOL」編集長の吉田さんと現役中学教師の寺西先生の話のなかで、印象的なフレーズがありました。

「**うちの子にはどういうよさがあるかを見極めることが大事**」という言葉です。

今は勉強、勉強で、子どものよいところが見えにくくなっているかもしれません。

ここで一歩引いて、偏差値とは関係ない本当に子どものよいところを見つめることが、学校選びの「軸」を見つける第一歩です。

さらにお2人はこう続けます。

「子どものよい種をどういう土壌に植えたら、6年間で大きな花を咲かせることができるか。深く根を張ることができるか。学校は土みたいなもの。そういう土壌をきちんと考えましょう」

そのために、165ページでお話ししたように、家庭で大切にしたい「軸」を夫婦で、親子で、家族で話し合い、そのうえでいろいろな学校を見に行きましょう。

そうすれば、文化祭に行って「たこ焼きがおいしかった」だけで終わることも、学校説明会に行って「どの学校もステキに見える」と迷うこともなくなるはずです。

特別章

THE「過去問」攻略
過去問を効果的に使うために「すべきこと」とは？

過去問の開始は、科目や仕上がりによってちがう

セミナーで小学1年生の親御さんから、「先生、過去問っていつ始めたらいいんですか？」と質問されて驚きましたが、6年生の親御さんは非常に気になる問題でしょう。

「お盆休みから過去問をやってください」

「9月から第1志望の過去問をやってください」

と過去問開始の指示は塾によってさまざまです。しかし、全員に共通する過去問開始時期はありません。

なかでも算数は、志望校対策をしないとまったく歯が立たないことがあります。桜蔭に受かったフミちゃんは、夏休みに試しに解いた算数の過去問で1問しか正解できませんでした。しかし、9月から始まった志望校別特訓で、徹底的に対策をし、11月半ばに半分近く取れるようになりました。

過去問は、志望校の重要データです。焦ってムダ遣いしないようにしましょう。

手薄になりがちな第2志望、第3志望の過去問対策

第1志望に約3割しか合格できない中学受験。じつは第2、第3志望固めも非常に重要です。第1志望にとらわれるあまり、確実に受かるだろうと思われた第2、第3志望も不合格になってしまうことがあります。

偏差値的に安心だろうという第2、第3志望でも、出題のクセや時間配分に慣れておかないと、実力を発揮できません。

教え子のアキトくんは、4年生から家庭教師をつけ、過去問スケジュールもバッチリ立てていたのですが、残念ながら第1志望、第2志望がダメでした。

第1志望はやや高めだったのですが、第2志望には受かる力があった子です。それでもダメだったのは、志望校対策が手薄だったからです。

「第2志望の過去問やろう」と私が声をかけると、「ママも先生も、僕がここしか受から

ないと思っているだろ！」とつっぱね、あまり手をつけようとしませんでした。

今は第3志望の学校に楽しく通っているので何よりですが、では第2志望、第3志望の過去問は何回解けばいいでしょうか。

第2志望の過去問は5回解く

私は、**第1志望は過去問1冊すべて、第2志望の過去問は5～6回分、第3志望は3回分を目安に解かせています。**

もし第3志望の過去問が思うように点数をとれない場合は、問題に慣れるまで解かせるか、もしくは別の学校に転向することを検討してもらっています。

いずれの過去問も、あまりに古いもの（10年以上前）は問題傾向や難度が変わっていることもあるため、新しい過去問に取り組みましょう。

過去問を解く前にしておく「準備」がある

過去問という重要ツールを効果的に使いこなすために、あらかじめしておくべきことがあります。

① 目標点数を決める

一般には、7割とれば合格といわれています。満点をとる必要はありません。合計点の7割を目指し、平均点に応じて目標点数を決めていきましょう。

ここで大切なのは、過去問に載っている「合格最低点」です。実施年度の合格最低点プラス10点（合計で）をとれたらよし。合格者平均点は高いので、そちらを見て落ち込んだりしないようにしましょう。

芝が志望校の場合を考えてみましょう。目標点数は、計３５０点満点（国算が各１００点、理社が各75点）で合格最低点を約30点上回る２４０点に設定。

算数を65点とすると、国語70点、理科50点、社会55点と4科のバランスを見ながら決めていきます。

芝がチャレンジ校の場合は、合格最低点ギリギリの合計220点くらいでいいでしょう。

②時間配分を決める

子どものタイプによって、時間配分の方法は変わります。

例えば、女子学院の問題を例に挙げると、40分間で計20問の問題があります。問題数の多い「処理型」の試験問題です。

スピード型の子は、時間設定を10分短縮して30分間と考え、残りの10分を見直しにあてます。30分間では、1問につき約1分半かけられます。

ゆっくり型の子は、40分間をフルに使います。すると、1問につき約2分かけられます。見直しの時間はとらず、解いた問題を確実にとれるようにします。

それでも時間が足りない子は、全20問から解く必要のない問題を3問ほど間引き、計17問に。すると、1問につき約2分半かけられ、余裕が生まれます。

③問題見極め力をつける

「捨て問」を見極めることは大切です。解き始めと同時に、問題1つひとつに「○×△」をつけていきましょう。「○△×」ではありません。

- **○は、解けるだろうという問題**
- **×は、解けないだろうという問題**
- **△は、がんばったら解けるかもしれない問題**

○は確実に正解できるようにし、×には手を出しません。×を切り捨てるだけで問題数は減り、気持ちがラクになります。そして、△に手をつけていきます。

答え合わせの際、△で不正解だった問題に注目します。解き直しても解けなかったら、解説を読みます。その解法を子どもが思いつきそうか否かを見定め、「ムリそう」となったら×にします。△↓×と判断したものは、全部切り捨ててだいじょうぶです。

これが問題見極め力です。回数を重ねると、「あっ、これ△だけど解けそうかも」「じつはこういう問題は苦手なんだ」といった感覚が子どもの中に生まれてきます。

本番の「緊張感」で解く

過去問は、できれば入試当日と同じ時間に、4科連続して取り組んでください。**おすすめは土曜日の午前中です。**その時間がとれない場合は、年内までは1科、2科と分割して取り組んでもよいですが、本番1か月前には、4科同時を心がけてください。

実際に解くときの手順はこうです。

①入試当日と同じ腕時計を使うこと。デジタルでなく、アナログの針のあるものを

②スタートしたら、「○×△」を問題につけ、時間配分する

③解き終わったら、親が赤ペンで採点する

合計点が合格最低点に達していない場合は、そこに達するためにどの問題をとるべきだったかを子どもに選ばせ、その問題のみを解かせましょう。

子どもと試験問題には「相性」がある

学校の偏差値と入試問題の難易度は必ずしもリンクするとはかぎりません。

それ以上に大切なのは、入試問題と子どもとの相性です。

問題との相性を見るために、あらゆる学校の過去問をザーッと1年分解かせているおうちもありますが、一発勝負では点数が出ません。

過去問はある程度、傾向や時間配分や捨て問まで考えて取り組むべきもの。

そして、3回分ほど解いてようやく慣れてきます。

そうすると、志望校の偏差値とお子さんのとった点数に相関がないこともあると気づくでしょう。これこそが「相性」です。

思考力を問われるのか、典型題が多いのか、スピードが求められるのか、記述力が求められるのか——。

模試で80％以上の合格判定が出ていても、実際に過去問を解いてみると半分もとれなかったということは往々にしてあります。

このような場合は志望校の入試問題分析と対策が必要です。学校説明会や塾でもらう資料や過去問題集でも頻出分野や問題傾向を知ることができます。わからない場合は塾の先生に聞き、詳しく分析してもらい、具体的な対策法を立ててもらいましょう。

5 章

合格に導くための絶対ルール
「ゆれにゆれる親のメンタル」という悩み

「親のメンタルカレンダー」で、ストレス度をチェック

みなさん、今の心境はいかがでしょうか。中学受験は、時間もお金もたっぷり投資しています。「これで勝負がつかなかったらどうしよう」と焦りと不安で押しつぶされそうな方も多いかもしれません。

下の図は、セミナーでいつもお見せする親のメンタルカレンダーです。

6年生の親のストレスの度合いを赤で示しています。ポコポコと波打っているものが、毎月やってくる模試や公開テスト時の親のストレスです。

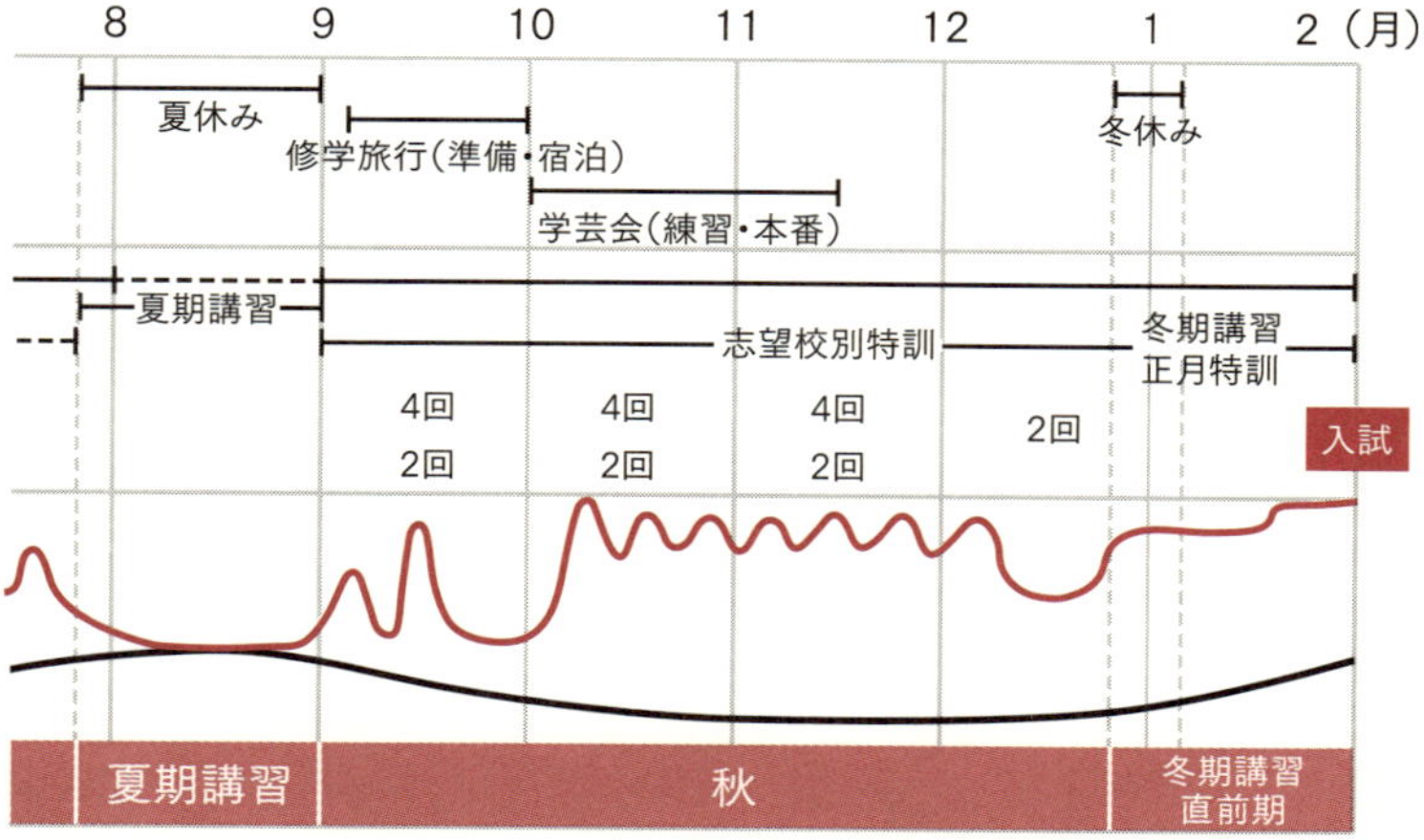

テストのたびにストレスの大波が襲いかかる

6年生2月の新学期、子どもたちは「いよいよ6年生だ」と緊張感を持ちつつスタートします。そして、ゴールデンウィークが終わってから夏休みまでが第1次惰性期です。

夏休みは、夏期講習で長時間勉強しているだろうという安心感から、しばし親のメンタルは平穏となります。

夏休み明け、9月に1つ目の模試。当然点数が上がるだろうと思いきや成果が出ません。まわりの子も力をつけてきているため、うまく成績に反映されないのです。「夏、あんなに勉強したのに！」とストレスが跳ね上がります。

6年生の親子のメンタルカレンダー

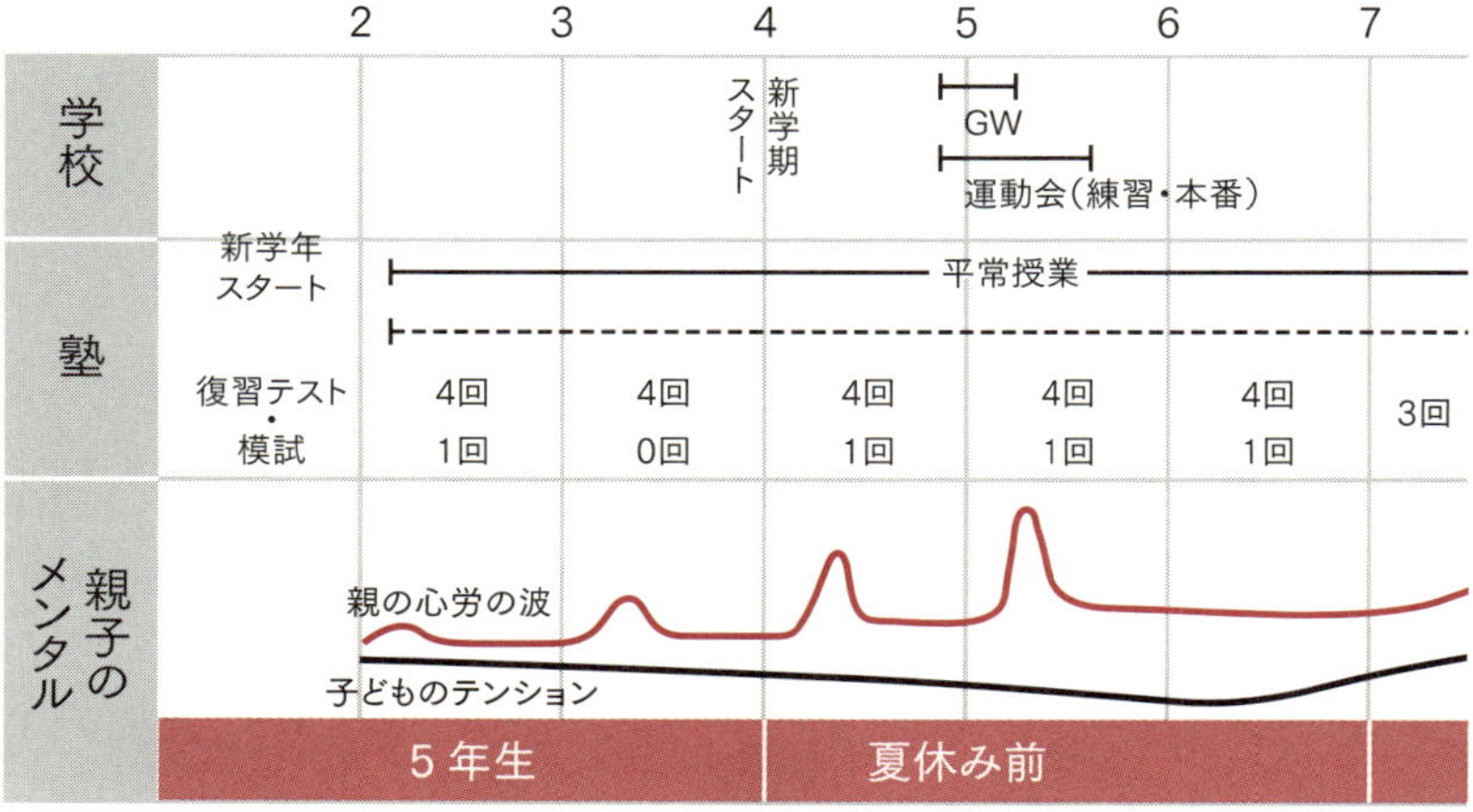

秋はオープン模試や志望校判定がたて続けにあり、メンタルの波の打ち方が激しさを増します。そして親のメンタルがゆれにゆれるのが10月、11月です。

この時期は、家庭教師やカウンセリングに入っているご家庭からの長文メールがピークになります。毎日胃薬を欠かせないお母さん、診療内科で薬を処方してもらっているお母さんも出てきます。

冬期講習になると、その波もやや落ち着きます。「冬期講習でなんとかなるのではないか」と思うわけです。

そして、**最後の1月と2月、大波の到来です**。みなさんおっしゃいます。

「自分の人生でこれほどつらいことはない。私が代わりに受けに行ってあげたい」と。

夏休みの成果が出なかったとき、父は……

9月中旬、長文メールが届きました。

一度私がカウンセリングをしたことのある、大変教育熱心なひとりっ子のお母さんです。

6年生の夏休み、お子さんは1日（半日）だけ釣りに出かけたほかは、ずっと勉強をがんばっていたといいます。

ところが、夏休み明けのテストでクラスが10も急降下。それでお父さんが「発狂」し、第1志望校のパンフレットと子どもの宝物のカードをズタズタに引きちぎったそうです。

それからお子さんは無気力になってしまいました。塾には行くものの、帰ってきたらヘトヘト、でも宿題があるため寝る時間は遅く、朝起きられず、おなかも空かず朝ごはんも食べず、ふらふら登校……というサイクルに。

お母さんは、「私が一番忌み嫌っていた受験生像になっています」とおっしゃいますが、どう思われますか。

私はこのお母さんに「ご両親がイエローカードです」とお伝えしました。このような考え方では、結果が出ないばかりか、その理由をお子さんのせいにするという悪循環に陥ります。よく聞けば、お子さんはお父さんに完全に心を閉じてしまったとのこと。**中学受験とお子さん、どちらが大切でしょうか**。

お子さんが一生心を開かなくなってもよいのでしょうか。

追い込みすぎると、プツンと糸が切れてしまう

このような場合、まずすべきことは、お子さんを元気にすること。そして夫婦でどのよ

うにサポートしてあげればいいかを徹底的に話し合うことです。

つらい状況であるのはわかります。しかし、そのつらさを子どものせいにしたりぶつけたりしても何ひとつ解決しません。

中学受験が最優先で肝心のお子さんをないがしろにしていないか、つねに冷静な目を持つように心がけてください。

本番が近づくにつれ、親はどうしても子どもを追い込みます。消化できない量の勉強、精神的な重圧……ある程度まで子どもは耐えますが、度を越してしまうと入試直前でも、ぷつんと糸が切れることがあります。

無気力、無表情になり、過去問の点数を追い求めるどころではなくなります。

そうはいっても追い込みたくなるのが親心ですよね。次からは、親自身がどうメンタルコントロールし、子どもに接していくかをお話しします。

受験一色にならないために、親は「外遊び」を

まず心を強くしないといけないのは、お子さんではありません。お母さん、お父さん方です。

6年生の秋以降、煮詰まっているなあと感じるおうちには、

「お母さま、ヨガに行ってください」

「美容院に行ってください」

「マッサージに行ってください」

といつも呼びかけています。

「いや、今の時期そんなことやっている余裕ないです。あとちょっとなのに……」

と返されますが、

「**点数を上げたかったら、行ってください**」

と、きっぱりお願いしています。

スミレちゃんのお母さんは「家にいるのが大好き」という専業主婦。家から一歩も出ないという日もあります。

私が知るかぎり、お母さんはずっと問題を解いています。まさに入試一色で、問題の分析にも長けているのですが、お子さんとの間には受験の話題しかありません。いろんな人の「受験ブログ」をチェックしてはわが子と比較し、延々とグチが続きます。

あるとき、お母さんの様子がちょっとちがいました。いつもは、指導にうかがうとすぐ、「先生、どうしましょう」と泣きついてくるのですが、その日はサッパリしています。テスト結果が悪かったにもかかわらず、です。

「何かありましたか？」と聞くと、「先週夫の両親が来て、その対応で忙しくて結果を見ているヒマがなかったんです」とのこと。いつもダメ出しをされてむくれていたスミレちゃんが小学生らしい、はつらつとした表情だったのが印象的でした。

そのお母さんにはその後、スミレちゃんの苦手な漢字をどんどんパソコンに打ち込んでいくという単純作業をお願いしました。それに没頭することで、意識が点数から少しそれ、比較的おだやかになられました。

「もうダメ!」というときこそ、体を鍛えよう

体を鍛えることも、メンタルコントロールにおいてとても大切です。強い精神は、とにかく体を鍛えることから。

トオルくんのお母さんは会社を経営しており非常にバランスのとれた方でしたが、わが子の受験となるとやはり別人格になります。

指導でうかがうと、いつもお母さんとトオルくんがどんよりした空気で出迎えてくださいます。毎回その雰囲気を私が全力で払拭してから指導に入っていたのですが、12月のある日、お母さんがカジュアルな格好で現れました。

「どこか出かけられるんですか?」と聞くと、「ジムに行ってきます」とのこと。

「私、一喜一憂しちゃうから、体を鍛えてきます」

「それいいですね!」

体を鍛えて無心になると、受験ばかりで占められていた頭と心がリセットされます。

2時間の指導のあと、帰ってきたお母さんのスッキリした様子は、普段とは別人のようでした。

ビジネスマンでも要職に就く人ほど忙しい仕事の合間を縫って体を鍛えています。タフな体が仕事の効率を高め、精神を安定させることをよく知っているからです。運動やトレーニングは、脳によい刺激を与え、集中力や直観力が鍛えられるだけでなく、何事にも動じず、落ち着きをもたらすホルモンの分泌を促すとのことです。

私自身も指導の合間に時間をみつけ、ジムに通っています。中学受験はシビアですからこちらも心を強くする必要があります。

なかなかしんどいトレーニングの最中、時に手を抜きたくなり、実際手を抜くこともあります。「これ、受験勉強もまったく同じだな」とひそかに子どもに共感する時間です。

子どもの「よいところ」「よい行い」に注目しよう

人は自分が注目したいことにのみ意識が行く生き物です。そして、それ以外の情報は遮断されてしまいます。

人のこうした性質を利用して、前出の原先生が「子どものやる気を引き出す」効果的な方法を教えてくれました。

それは、子どもの「増えてほしいところ」に注目すること。

例えば、次ページの図のように、ユウマくんにはいいところがいっぱいあります。物知りでスポーツ万能で明るくて元気で積極的で楽しく素直でがんばり屋さん。

でも1つだけ気になるところは、わがままなところ。

親としては、わがままなところはぜひ直してもらいたい。

そこでお母さんが、

「またそんなわがまま言って。そういえば昨日も一昨日も。わがままなところは直してね」

と言ったらユウマくんは、「よし、直すぞ」という気になるでしょうか。なりませんよね。

お母さんが**「わがまま」に注目することで、そこがクローズアップ、増幅されてしまいます**。

ですから、わがままと真逆の「思いやり」に注目してください。

「ママの誕生日に手紙を書いてくれたね。あなたはホントに思いやりがあるなあってうれしかったの。ありがとう」

そう伝えることで、「わがまま」よりも、「思いやり」のほうが増幅されていきます。

「わがまま」に注目しすぎていませんか？

がんばり屋	元気	物知り
わがまま	スポーツ万能	明るい
積極的	楽しい	素直

勉強も同じです。例えば、「勉強しない」に注目してしまうと、親の目は「勉強しない子」というレッテルを貼ってしまいます。

逆に「勉強している」にたくさん注目してみてください。塾でも家でも、何時間も勉強していますよね。そこを認識できたら、「勉強がんばっていたね」と伝えてあげてください。

この習慣は、親御さん自身のストレスケアにも効きます。「いいこと」に注目すると、子どもを「いい目」で見ようとするアンテナが張られ、イライラが消えていきますよ。

第三者を入れて、受験サポートのチームワークづくり

親御さんが煮詰まってしまわないために、第三者の力を借りるのも手です。自分たちにできないことはたくさんあります。まわりの人に頼ったりプロを使ったりしたほうがうまくいくことはいっぱいあります。

でも、何となく後ろめたい気持ちがありますよね。

「家のことは自分たちでやらなきゃ」

「子どももがんばっているから、私もがんばらないと」

お母さんは特にそう思いがちです。しかし、そうやって全部ひとりで背負い込むと、お母さんがつぶれてしまいます。

第三者は、家の中に滞った空気の「ガス抜き」の役目を果たします。

頼れるところは頼って、ともに受験をサポートするためのチームづくりをする。外注で

きるものは外注する。

「外注する」ということはお金がかかることでもあります。

しかし、**中学受験は浪人できないため、時間が有限です**。「時間をお金で買う」と思考を切り替えることも、ある程度は必要です。

でも最初は極力、お金をかけずにできることはないかを考えてみましょう。

「この先生なら」という塾の先生をみつける

学習のサポートは、なんといっても塾の先生を頼ることです。既著で「塾の先生に電話しましょう」と書いたとき、塾関係者から「何をいらぬこと書くんだ」とお叱りを受けましたが、熱心な先生はちゃんと応えてくれます。

「塾に電話するタイミングが難しい」と話す親御さんもいます。授業前の時間、授業後の時間が狙い目ですが、希望の先生と話せるかどうかはわかりません。塾のほうから「かけ直します」と言われ、電話が来たのが1週間後だったということもあります。「誠意がないのでは……」と不安になるかもしれませんが、塾の先生も常勤講師でなければ授業日以外に対応できないのは仕方ありません。

また、「塾に電話をするのはハードルが高い」と話す親御さんもいます。というのも、

「上のクラスにいないと相手にされていないいんじゃないか」と気が引けてしまうのだとか。

上位クラスを優遇する先生がいるのも事実です。でもお子さんに「好きな先生いる？」と聞いてみると、「国語なら○○先生」といった名前が挙がるはず。「この先生なら相談できる」という先生をぜひみつけてください。

「外注」は予算をシミュレーションする

忙しい親御さん、そして子どもの成績をなんとか上げたいという親御さんは、家庭教師や個別指導を検討する機会が出てくるかもしれません。長年家庭教師をしている私から、**家庭教師を検討する際に失敗しないコツをお伝えします。**

まず予算を概算しましょう。

最初は、「家計が苦しいので週1が限度です」「夏休みや直前期は難しいです」とおっしゃる家庭がほとんどです。ところが、いざ始めると「算数だけでなく国語も」「週1じゃなく週2で」と授業をどんどん加えていきます。

余計なお世話かもしれませんが、「だいじょうぶかなあ」と心配になる家庭はあります。しかし、私たちにそこまで口をはさむ権利はありません。しかし、こうして苦しい支払いをしていると、「これだけ出しているのに、なんで成績が上がらないんだ！」「先生は何をやってるんだ！」と不満や焦りにつながります。

家庭教師は万能薬や魔法使いではありません。勉強の内容で苦しむ部分をサポートはしますが、勉強するのはお子さんです。

「ここまではお金を出せる。あとは家庭でどこまでフォローできるのか」を具体的にシミュレーションしてみると、「あっ、そういえば親戚に今年、一橋に入った子がいたよね。その子に見てもらおうか」といったアイデアが出てくるわけです。

家庭教師に依頼することを決めたら、おそらく派遣会社にアプローチするでしょう。

私はできれば、プロの家庭教師を選ぶことをオススメします。中学受験を熟知していて、成績を上げるための勉強法がわかっている先生です。

ただし、成熟度が低く机に向かっているのが厳しい子どもには、「管理要員」として大学生の家庭教師に依頼するのもアリです。

大学生に依頼する場合、やはり一定以上のレベルの大学の学生のほうがいいでしょう。解説を見て理解し、わかりやすく説明できる能力が求められます。中学受験経験者であればなおよし。過去の受験算数など忘れてしまっているでしょうが、まじめな先生であれば予習してから授業に臨んでくれます。

注意したいのは、「テストがあるので」「旅行に行くので」といった理由で気軽に休む先生です。通常のバイトと同じく「シフトを替わればいい」という感覚なのでしょうが、過酷な中学受験のサポートには不向きです。

受験を終えた先輩ママに「こっそり」聞くこと

もう1つのオススメは、受験の終わった先輩ママに家庭教師を紹介してもらうこと。家庭教師の派遣業をしている私が言うのもなんですが、業者を通さず個人的に先生を紹介してもらうほうが割安です。

先輩ママたちも表向きには、「家庭教師つけてたんだ」とは言いません。でもかなりのご家庭が何かしら「外注」しています。先輩ママにこっそり連絡をとって、「いい家庭教師、知らない？」と聞くと、「じつはね」という話が出てきます。

家事代行も、受験をサポートする「外注」の1つの手です。これもハードルが高いと思われがちです。

封建的な考えを持つ〝周囲〟から、「家事代行を頼むほど中学受験って大変なの？」など言われるかもしれません。中学受験を知らない大人は「しょせん小学生の受験」と思っていて、中学受験の大変さがわからないですからね。

でも渦中のみなさんは、いかに大変かを知っています。

家事代行を頼むことは、後ろめたいことでもなんでもありません。「あれもこれもやらなきゃ！」と親がテンパっていることが、子どもにとって一番よくないですからね。

精神的につらくなったときは、原先生のようなコーチやカウンセラーに話を聞いてもらうのもいいでしょう。

私が指導に入っていたおうちでは、2時間の授業のうち30分ほど、多いときは1時間半もお母さんの話を聞くことがありました。とても熱心なお母さんですから、その時間がガス抜き、息抜きになっていたんですね。

時間をお金で買う、精神的な余裕をお金で買うということも手です。まずはお金のかからない方法を考え、難しければ外注も検討してみてください。

6年生の家庭には、「笑い」がないからこそ

中学受験のセミナーを開催すると、お父さんが参加されることも増えてきました。

「○○塾の問題集の50ページの③までは解けるのですが、④以降になると落としがちです」

と、子どもの進捗状況を詳細に把握した熱心なお父さんもいます。

各家庭で、お父さんの受験へのかかわり方はさまざまです。

お母さんがメインでかかわり、お父さんは黙々と塾代の捻出に徹する人もいます。

お父さんがスケジュールを決め、「なんでスケジュール通りに進まないんだ！」と管理担当のお母さんを責める人もいます。

あるいは、ずっと無関心で来たにもかかわらず、入試直前に「で、どこ受けるんだ？」と聞いたうえ、「受かるのか？」などと言って子どもにキレられるお父さんもいます。

いろいろなタイプのお父さんがいますが、やはり夫婦で中学受験に対する考え方を一致させておくのは非常に重要です。そのうえで、お父さんもチームとして何らかの役割を担うことをオススメします。

「オヤコンパス」の発起人でもある、たかくら新産業の高倉健社長はこう話します。

「父親として息子の受験にかかわったとき、大事にしていたことは子どもを笑わせること。親のどちらかがお子さんをいっぱい笑わせてあげてください」

6年生の家庭には、「笑い」がどんどんなくなっていきます。

中学受験にメインでかかわっている親御さんに「子どもを笑わせてください」というのは酷な話です。そこでもう一方の親御さんの出番です。

高倉社長は、お子さんと一緒にトランプやＵＮＯや「黒ひげ危機一髪」をして、ゲラゲラと笑っていたそうです。

それだけで子どものストレスが少しでも発散できます。

「第2志望もなかなかいいね」と前もって伝えておく

もう1つ、高倉社長は、「どちらかの親はできれば第2志望、第3志望もいいよね、と入試前に子どもに伝えておいてほしい」と呼びかけます。

やはり受験はあらゆることを想定しておかなければなりません。

第1志望に合格できる子は、全受験生の約3割です。

もし子どもが第2志望や第3志望の学校に行くことになったとき、「失敗だった」と思うのではなく、子どもが前向きに結果をとらえられることが大切です。一方の親が第2志望、第3志望を肯定しておけば、実際に通うことになっても、「けっこうオレもいいと思ってたんだよね」などと言います。

第1志望が不合格になると、一番落ち込むのは往々にしてお母さんです。子どもは意外と切り替えられます。

親子で「脳のオン・オフ」をコントロールする

人は集中モードにスイッチが入る前に、ある程度のリラックス状態をつくる必要があります。その空間が落ち着けない場所だったり、気がかりなことがあったりしたとき、人の集中力は散漫になります。

机の上が落ち着ける空間になるように、安心できる環境を整えられるように、お子さんとたくさんコミュニケーションをとってみてください。

そんな「環境設定」として、香りを用いた方法があります。

「オヤココンパス」でご一緒しているアロマセラピストの山下美紀さんは、香りを使った「スイッチング」という方法を紹介しています。

スイッチングとは、脳のモードを切り替えること。本能に直接働きかける「香り」は、やる気モード、集中力モード、リラックスモードなどへ導くことができます。

香りには、集中力を上げる成分、リラックスする成分といろいろありますが、まずは「いい香りだなあ」「心地いいなあ」と思えるものを選んでみてください。

参考までにいくつか香りをご紹介すると、子どもからお年寄りまで男女問わず人気があるのが、オレンジの香りです。**オレンジは安心感や信頼感を生み、気持ちを前向きにハッピーにしてくれる香りです。**

ローズマリーとレモンは、集中力を高め記憶力を強化します。実際、認知症治療の場で、その効果が認められています。

ペパーミントは、スーッとしてやる気モードに入るスイッチングに最適です。

シナモンは集中力を上げる香りです。ハーブティーとして飲んでもいいでしょう。

お子さんが勉強しているとき、香りを漂わせてみてください。香りをかぐことで「勉強するぞ！」というモードになります。逆に、勉強し終わってリビングでくつろいでいるとき、別の香りによって気持ちがほぐれます。このようなスイッチングは勉強にとても有効

集中力を高めたり、記憶力を強化したりと、「香り」は中学受験の味方にできる

です。

ちなみにオヤココンパスでは、5年がかりで勉強用、リラックス用のアロマスプレーを開発しました。これは高倉社長が1人息子の中学受験のために特別にブレンドしたことがきっかけとなっています。スプレーを渡しても反抗期だけに「こんなもんいらねえよ」と言っていた息子さんでしたが、こっそり勉強部屋をのぞくと、スプレーをシュッシュッとしながら勉強していたといいます。そして中学に入っても、定期テストのたびにスプレーをしていたそうです。

また香りには殺菌作用、抗菌作用を持っているものが多くあります。

思春期の男の子となると、「なんだよ」と言って、なかなかさわらせてくれないかもしれません。そんなときも、「この香りいいらしいよ」「風邪ひきにくいらしいよ。予防に塗っておこうね」と言いながら、アロマ入りの消毒ジェルを手に塗ってあげる。親御さんにとっても、張りつめた心がホッとする時間となるはずです。

受験の季節は空気が乾燥し、風邪やインフルエンザも流行するため、私は毎年アロマのマスクスプレーを使っています。

最近の研究では、香りはないよりもあったほうが作業効率は上がるそうです。難しく考えず、「いいなあ」と思った香りを選んで、ぜひとり入れてみてください。

スキンシップで、親子のあたたかい時間をつくる

親子のコミュニケーションツールとして「タッチング」という方法もあります。つまり、スキンシップです。

「今日も1日おつかれさま。がんばってね」とマッサージをとり入れてみてください。ぐいぐい筋肉をほぐすタイプのマッサージではなく、背中をさすってあげたり、頭をポンポンとなでるだけでもいいでしょう。ちなみに私も、いい香りがするハンドクリームを使って息子にマッサージすることがあります。

本番のパフォーマンスを引き出す、3つの「魔法の言葉」

コーチングの原先生から、親子関係をよくする3つの言葉を教えていただきました。

それは、**「ありがとう」「うれしかった」「助かった」です。**

これらの言葉をたくさん伝えると、子どもは自己肯定感がどんどん上がります。

「ありがとう。助かったよ」という言葉によって、「自分は勉強だけじゃなくて、家族にとって大事な役割を担っているんだ」と思うようになります。そして、言ってくれるお母さん、お父さんのことを信頼できるようになります。

「ありがとう」をいっぱい伝える作戦

先ほど、6年生の家庭には「笑い」がなくなっているという話をしましたが、「ありがとう」という言葉もほとんど聞こえてきません。

例えば、お母さんが子どもに「ちょっと窓開けて」と頼んだとき、子どもがすぐに動かないと、「何、もたもたしてんのよ！」と声が飛びます。子どもがちゃんと窓を開けても、「ありがとう」の代わりに「ったく！」と文句を言います。

また、6年生のゲンくんは、あるとき家族の朝ごはんをつくりました。「そんなことしているヒマあったら勉強しなさい！」とお母さんはもう激怒です。「そんなひどいことを言うの？」と驚かれるかもしれませんが、入試3か月前となると無意識のうちに、このような反応をしてしまうのが中学受験生の親です。しかし自己肯定感の下がった子どもは、自分を信じることができず、それが点数にも反映されます。やはり自分を信じられる子だけが、「オレはやるぞ！」「私はやるぞ！」という気持ちで臨み、本番で実力を発揮することができます。

ぜひ、いっぱい「ありがとう」を伝えてあげてください。

「ありがとう」をいっぱい伝えるためには、子どもに「お手伝い」を頼むことをオススメします。

カオルちゃんは、「私、食器洗いする！」と張りきっていました。ところが実際、食器洗いしてみると30分以上もかかってしまいます。どうやら入試直前期の受験生向きではなかったようです。そこで、お母さんと話し合った末、「食前・食後のテーブル拭き」がカオルちゃんの担当になり、本番まで毎日つづけました。

ピークを本番に持ってくる！「直前期」の過ごし方

「塾のムダ」につきあう必要はない

大手中学受験塾では、6年生になると志望校別の対策コースが設定されています。塾は対策コースのある学校の合格者がほしいわけですが、対策コースのある学校は限られており、そこに入る子は全体の1～2割ほど。

「うちは世田谷学園志望ですが、どのコースをとったらいいですか？」

こうした質問を受けますが、おすすめできるコースはありません。

志望校に特化したコースのない子たちは一括りで「難関校対策特訓」といったコースに入れられ、あらゆる学校の入試問題を解かされることになります。女の子が男子校の問題を与えられて頭を抱えていたりしますが、これは時間のムダ。それよりも、家で志望校対策をするほうが賢明です。

また、ある塾では、パソコンやｉＰａｄを使ったデジタルコンテンツで漢字や知識問題の宿題を出しています。クリックしながら進めるため時間もかかり、上位クラスの子ほど手をつけていません。ところが塾では先生から毎回「ちゃんとやるように！」と念押しがあります。そこであるお母さんは、子どもの勉強時間を捻出するために、自らポチポチと取り組んでいるとのこと。

6年生秋以降の1分1秒が惜しい時期、子どもにとって何が必要か、ご家庭で取捨選択してください。

学力のピークを「本番」に合わせる方法

12月末に合格判定テストがある塾もありますが、ほとんどの塾は、12月前半でほぼテストは終了します。本番までに1か月以上ありますが、そこから子どもの伸びをはかる術《すべ》がありません。

しかし、がんばっている子はこのラスト1か月で驚異的に伸びます。

受験で一番大事なことは、本番にピークを持ってくることです。

9月や10月に志望校判定で80％以上とっても、その後失速しては意味がありません。秋の合格判定テストでは、40～60％の判定が理想的です。

私はよくそれをお風呂のバスタブにたとえます。

入試本番へのカウントダウンが始まり、本人も焦っている状態になると、バスタブの栓をしてお湯をためている状態になります。ところが早々に合格基準に達している子は、慢心してしまい、必死に覚える努力をしなくなります。それはさながら、バスタブの栓をしないまま、お湯をためている状態です。気づいたら、もともとあったお湯もどんどん減っているのです。

繰り返しますが、とにかく本番に学力、メンタルともにピークを合わせること。

これはあらゆる受験で言えることです。

たとえ秋に40％の判定だったとしても、どうかあきらめないでください。ここでふんばった子だけが、ラストスパートで驚異的に伸びるのです。

おわりに

私は中学受験をしていません。岐阜で生まれ育ち、小学校・中学校・高校とすべて公立でした。

小学生の頃は思い切り遊び、中学時代は部活に打ち込み、高校時代はセンター試験前でも全範囲の終わらない授業がありました。同じ高校からは、東大や京大、医学部に現役で合格する同級生がたくさんおり、私も現役で大学に合格しました。

大学に入って「浜学園」という、灘中学合格者数ナンバーワンの中学受験専門塾の存在を知ったときは、「小学生にここまで勉強させて何の意味があるんだ」「小学生の間は思い切り遊ぶべき」というアンチ中学受験派であり、「勉強ができないのは努力が足りないからだ」「大枚はたいて私立に行かなくても、オール公立でじゅうぶん東大に行ける」という考えの持ち主でした。

実際、中学受験カウンセリングでも、このような意見の親御さんがいらっしゃいます。

そういう方はたいてい、私と同様に地方の公立中高出身で、大学受験である程度の結果を出された経緯を持っています。

中学受験業界に足を踏み入れたのは、大学生のときでした。時給が高いという理由から浜学園で塾講師を始め、数学が得意だから算数程度ならば教えられるだろう、とタカをくくっていました（すぐに「受験算数の壁」にぶつかることになるのですが）。

塾で教えている間も、中学受験塾というのは、遊びたい盛りの子どもたちに、とてつもなく難しい勉強を課して親の不安を煽り、お金を巻き上げるビジネスに見えました。

そんな私の考え方が変わってきたのは、家庭教師を始めてからでした。子どもたちと話をしていると、中学受験をしたいという動機がさまざまだとわかりました。

「お父さんみたいに医者になりたい」

「学校の子と同じ中学に行きたくない」

「塾に行っていないとクラスでバカにされる」

もちろん、「有無を言わさず親から無理矢理」という子もいました。

しかし、どのような動機であっても、みな「勉強がわからない」「こんなにやっているのに点数が上がらない」というつらさを抱えていました。そして「私はバカなんだ」「こんなにできない僕には価値がないんだ」と思い込んでいる子どもたちに「そうじゃないんだよ！」と言い続け、手助けしているうちに、中学受験のせいで不条理な思いを抱える子どもたちの力になりたいと強く思うようになりました。

本書でもたびたび紹介した「オヤココンパス」でご一緒している高倉社長は、息子さんが小さい頃からずっと「努力すれば報われる。だからがんばろう！」と、何でも一緒に取り組んできました。

野球でレギュラーになれるように一緒にバッティングをし、子どもがサボっても、黙々と1人でバットを振ってその背中を見せてきました。息子さんがリレーの選手に選ばれなかったときは、夏休みのあいだ毎日一緒に走り込みをして、見事リレー選手の座を奪い返しました。親子でともに努力した成果が出ていたのです。

しかし、「中学受験を通して、子どもの人生で初めて努力しても報われないことがあると知った」と振り返ります。

どれほど勉強しても点数がとれない、クラスが上がらない……。塾にまじめに通い、コツコツ勉強に取り組み続けているのを見ているからこそ、お子さんが「どうせやっても意味がない」と糸が切れてしまったとき、すぐにはかける言葉が見つからなかったとおっしゃいます。そして今、高倉社長は息子さんに、そして中学受験をするご家庭に、こうエールを送っています。

「努力しても報われるとは限らない。でも、努力しない奴はノーチャンスだ。
努力の結果がすぐには出なくても、必ずいつか自分に返ってくる」

少し勉強したら結果が出る子もいれば、どれほど勉強しても結果が出ない子もいます。スポーツが向いている子、音楽が向いている子など、子どもによって向き・不向きがあるのです。

しかし中学受験は、つねに数字をつきつけられる、過酷で不条理なレースです。「勉強したぶん、点数に反映されるから不条理じゃない、フェアだ」という方もいますが、たくさんの小学生と接している私にとって、やはり中学受験は不条理です。

そして、この不条理なレースに潰されず乗り切るためには、親子の強い絆が必要です。

それは親の信念であり、わが子に対する深い愛であり、子どもの親に対する絶対的な安心感であり、自己肯定感なのです。また、あるコーチの方がこんなことも話してくれました。

「努力ができることも才能の1つ。努力したくてもできない人だっている」

私はこれを「努力の度合いにはグラデーションがある」と捉えています。不屈の精神力でストイックに努力し続けられる人もいれば、数分で疲れてしまう人もいます。置かれた状況や成長過程によっても異なるでしょう。

中学受験には向き・不向きがあります。学力的に、成熟度的に。「努力する体力」がまだついていない子だっています。そんなことにおかまいなしに、中学受験は、小学生が取り組むにはあまりにも膨大な学習量と時間を要求してきます。だからこそ、どのご家庭でも悩みや歪みが生じるのです。

でも、それは当たり前のこと。悩みのない中学受験なんてありません。そして、わが子の幸せを思うからこそ、中学受験を選択された親御さんの気持ちも、痛いほどよくわかっています。

だから私は、中学受験を選択されたご家庭にエールを送ります。

家で宿題を前にして頭を抱えている小学生、塾のクラスメイト――その1人ひとりが、そのすべての親御さんが悩みを抱えています。みな、ライバルではなく同志なのです。孤独に中学受験と向き合うのではなく、たくさんの仲間とともに、たくさんのサポーターたちとともに、歩んでいきましょう！

そして、お子さんがいつか「あのとき、中学受験をさせてくれてありがとう」と心から言ってくれるような中学受験となることを心より祈っています。

最後になりましたが、実例として登場してくださったたくさんの受験生とそのご家族、ともに活動している「オヤココンパス」のみなさん、ライターの門馬聖子さん、編集者の藤沢陽子さんに深く御礼申し上げます。

安浪京子

安浪京子 Kyoko Yasunami

株式会社アートオブエデュケーション代表取締役、算数教育家、中学受験専門カウンセラー。神戸大学発達科学部にて教育について学ぶ。関西、関東の中学受験専門大手進学塾にて算数講師を担当、生徒アンケートでは100%の支持率を誇る。プロ家庭教師歴約20年。

中学受験算数プロ家庭教師として、きめ細かい算数指導とメンタルフォローをモットーに、毎年多数の合格者を輩出している。中学受験、算数、メンタルサポートなどに関するセミナーを多数開催、特に家庭で算数力をつける独自のメソッドは多数の親子から支持を得ている。

「きょうこ先生」として、「朝日小学生新聞」、「AERA With Kids」、「プレジデントファミリー」などでさまざまな悩みに答えている他、教育業界における女性起業家としてビジネス誌にも多数取り上げられている。

『きょうこ先生のはじめまして受験算数』（朝日学生新聞社）、『中学受験　大逆転の志望校選び　学校選びと過去問対策の必勝法55』（文藝春秋）、『つまずきやすいところが絶対つまずかない！　小学校6年間の計算の教え方』（すばる舎）など、著書多数。

http://artofeducation.co.jp/
https://ameblo.jp/prestige-partner

編集協力　門馬聖子

最強《さいきょう》の中学受験《ちゅうがくじゅけん》
「普通《ふつう》の子《こ》」が合格《ごうかく》する絶対《ぜったい》ルール

2018年8月5日　第1刷発行

著　者　安浪京子《やすなみきょうこ》
発行者　佐藤　靖
発行所　大和《だいわ》書房
東京都文京区関口1-33-4
電話　03-3203-4511

装丁　小口翔平＋山之口正和（tobufune）
本文デザイン・図版　荒井雅美（トモエキコウ）
本文印刷　厚徳社
カバー印刷　歩プロセス
製本　ナショナル製本

ISBN978-4-479-39302-3

http://www.daiwashobo.co.jp